westermann

EinFach Deutsch

Anna Seghers

Transit

... verstehen

Erarbeitet von
Timotheus Schwake

Herausgegeben von
Johannes Diekhans
Michael Völkl

Bildnachweis

|Akademie der Künste, Berlin: Anna Seghers mit ihrer Tochter Ruth, Anna Seghers-Archiv © Anne Radvanyi 71.1; Anna Seghers und ihr Mann, Anna Seghers-Archiv 75.1; Netty Reiling mit ihrer Mutter Hedwig, Anna Seghers-Archiv © Anne Radvanyi 73.1; Passfoto von Anna Seghers, Anna Seghers-Archiv © Anne Radvanyi 78.1. |akg-images GmbH, Berlin: 47.1; Almasy, Paul 31.1; George Grosz: Max Hermann-Neiße © Estate of George Grosz, Princeton, N.J./VG Bild-Kunst, Bonn 2021 92.1; IMAGNO/Votava 85.1; Liszt Collection 117.1; Sammlung Berliner Verlag/Archiv 108.1. |Alamy Stock Photo, Abingdon/Oxfordshire: Berg-Ehlers, Luise 87.1; Lordprice Collection 64.1; Shawshots 65.1. |Alamy Stock Photo (RMB), Abingdon/Oxfordshire: Pictorial Press Ltd 94.1. |Das Bundesarchiv, Koblenz: Bild 101I-027-1477-04 / Fotograf: Wolfgang Vennemann 69.1; Bild 121-0622 / Fotograf o. Ang. 21.1. |Deutsches Literaturarchiv Marbach, Marbach am Necker: 96.1. |Domke, Franz-Josef, Hannover: 67.1. |Meueler, Erhard, Groß-Umstadt: Aus: Wie aus Schwäche Stärke wird. Schibri, Milow 3/2015, S. 54 99.1. |Picture-Alliance GmbH, Frankfurt a.M.: IMAGNO/Schostal Archiv/Anonym 77.1. |SCHRAMM FILM Koerner & Weber, Berlin: 43.1, 126.1, 128.1, 129.1, 131.1. |SelfMadeHero, London: Comic „Der Process" von Chantal Montellier und David Zane Mairowitz 49.1. |Shutterstock.com (RM), New York: Mgm/Kobal 81.1. |ullstein bild, Berlin: adoc-photos 59.1. |Waßmann, Denis, Crimmitschau: 89.1. |WINKLER FILM GmbH, Wien: 115.1.

westermann GRUPPE

Druck A[1] / Jahr 2022
Alle Drucke der Serie A sind im Unterricht parallel verwendbar.

Umschlagbild: Imago: Arkivi
Druck und Bindung: Westermann Druck GmbH, Georg-Westermann-Allee 66, 38104 Braunschweig

ISBN 978-3-14-**022718**-6

Inhaltsverzeichnis

An die Leserin und den Leser

Liebe Leserin, lieber Leser,

mit der Machtübernahme der Nationalsozialisten unter ihrem Anführer Adolf Hitler im Januar 1933 änderte sich auch für die Intellektuellen, die Künstler und Künstlerinnen, Kulturschaffenden sowie Dichter und Dichterinnen in Deutschland von einem Tag auf den anderen alles. Die neuen Machthaber hatten schon im Vorfeld deutlich gemacht, dass an eine Freiheit der Kunst in ihrer neuen, diktatorisch geprägten Gesellschaftsformation nicht zu denken sein sollte. Die sog. „Gleichschaltung" erzwang sehr schnell die Eingliederung aller sozialen, wirtschaftlichen, politischen und eben auch kulturell-künstlerischen Kräfte in die einheitliche Organisation einer rassistischen und antisemitischen Diktatur, die ideologisch vereinnahmend und kontrollierend wirken sollte. Jede Gegnerin und jeder Gegner des neuen Regimes musste mit sofortiger Verfolgung rechnen; mit der Toleranz und künstlerischen Freiheit der Weimarer Republik, die nur wenige Jahre zuvor die Voraussetzung der kulturellen Blüte der sog. „Goldenen Zwanziger" gebildet hatte, war es schnell vorbei. Mit der Gleichschaltung aller gesellschaftlichen Teilsysteme war die Einschränkung, häufig sogar der Verlust der individuellen Freiheit, Unabhängigkeit und Mündigkeit des Menschen verbunden. Viele Künstler und Künstlerinnen, nicht nur aus dem politisch linken Spektrum, waren von Beginn an Opfer nationalsozialistischer Verfolgung, erhielten ein Publikationsverbot und mussten um ihr Leben fürchten. Schon die spektakulär inszenierte Bücherverbrennung am 10. Mai 1933 ließ früh keinen Zweifel daran, wie die neuen Machthaber mit angeblich bürgerlich dekadenter, den deutschen Volkskörper zersetzender, nicht arischer Kunst umzugehen gedachten: brutal, illiberal, kompromisslos, gewaltsam.

Kein Wunder, dass schon 1933 zahlreiche bedeutende deutsche Künstlerinnen und Künstler und Intellektuelle ins benachbarte Ausland flüchteten; die meisten allerdings in der trügerischen Vorstellung, es werde nur ein verlängerter Urlaub, da sich Hitler nicht lange würde an der Macht halten können. Für die emigrierten Schriftstellerinnen und Schriftsteller hatte die Flucht ins Ausland existenzielle Folgen. Nicht nur, dass sie ihre Heimat und ihre Sprache verloren, sie standen nun auch in aller Regel ohne Verlage und Publikum da. Nur die wenigen international bekannten deutschen Künstler wie Franz Werfel (1890–1945), Bertold Brecht (1898–1956) oder Thomas Mann (1875–1955) konnten auch im Ausland mit zahlreichen Leserinnen und Lesern rechnen. Die meisten lebten in materieller Armut und waren, wie beispielsweise Robert Musil und Hermann Broch, auf Spenden und fremde Hilfe angewiesen.
Auch die aus Mainz stammende deutsche Jüdin Anna Seghers (1900–1983) war von diesen radikalen Umwälzungen direkt betroffen. Nicht nur als Jüdin, sondern auch als bekennende kommunistische Autorin musste sie mit der Machtübernahme der Nationalsozialisten um ihr Leben fürchten. Im Gegensatz zu vielen anderen jüdischen Mitbürgern und Mitbürgerinnen saß sie – auch beeindruckt von einer kurzzeitigen Verhaftung durch die Gestapo – nicht dem Fehlglauben auf, es würde schon alles nicht so schlimm werden und schnell vorbeigehen. In Folge des Reichstagsbrands 1933 flüchtete sie über Stuttgart in die Schweiz, von dort aus weiter nach Frankreich. Mit ihrer Familie konnte die Dichterin in Paris ein halbwegs normales Leben führen. Da sie im Gegensatz zu vielen anderen Exilantinen und Exilanten der französischen Sprache mächtig war, engagierte sie sich als Mitherausgeberin der Exilzeitschrift „Neue deutsche Blätter“ (1933–1935) sowie im „Schutzverband Deutscher Schriftsteller“ (SDS) im Widerstand gegen das neue Deutschland. 1937 publizierte sie im

Exil den Roman „Die Rettung“. Mit dem Beginn des Zweiten Weltkriegs am 1. September 1939 war es mit dem sicheren Leben in Frankreich bald vorbei. Der militärische Blitzsieg der deutschen Wehrmacht im Frühjahr 1940 überraschte viele Dissidentinnen und Dissidenten in Frankreich, auch Seghers’ Ehemann László Radványi wurde im von Deutschen besetzen nördlichen Teil Frankreichs in einem Arbeitslager interniert. Wie vielen anderen Verfolgten blieb auch Anna Seghers nichts anderes übrig, als das geliebte Paris zu verlassen und in der „zone libre“, also dem von den Deutschen noch unbesetzten südlichen Teil des Landes, Zuflucht zu suchen. Im September 1940 kommt sie in Marseille an, für viele Flüchtlinge der Sehnsuchts- und Abfahrtsort in ein neues Leben in Übersee. Ihre teils absurden Erfahrungen vor Ort mit verzweifelten und ängstlichen Menschen, denen auf den Konsulaten vor ihrer Ausreise in das Exilland zahlreiche bürokratische Hürden in den Weg gelegt wurden, hat Seghers in ihrem Roman „Transit“ verarbeitet, den sie noch in Marseille begann und in den Jahren 1941/42 im Exil in Mexiko vollendete. Auch in ihrem Welterfolg „Das siebte Kreuz“, den sie ebenfalls in dieser Lebensphase plante und zu schreiben begann, finden sich Spuren ihrer eigenen Biografie.

Dieser historisch-biografische Hintergrund im Kontext von Dichtung und Leben ist allein schon ein guter Grund, Seghers’ Exilroman auch im 21. Jahrhundert zur Hand zu nehmen und zu lesen. Die Leserin und der Leser fühlen sich zurückversetzt in eine Epoche, in der Menschen um ihr Leben fürchten mussten, weil ein diktatorisch-rassistisches Regime die Welt in Flammen setzte und unliebsame Gegner ihrer Politik gnadenlos verfolgte und auszulöschen versuchte. Was es für den einzelnen Menschen bedeutet, in einer solchen Zeit zu leben, wird an zahlreichen Figuren des Romans erkennbar. Manche wie der Kapellmeister kämpfen ihr ganzes Leben gegen die enormen Widerstände der Ausreisebürokratie an und kommen am Ende doch nicht ans Ziel, weil ihnen der Tod dazwischenkommt. Andere verlieren ihren Lebensmut und geben am Ende ihr Ticket für die rettende Schiffsreise zurück. Der weiblichen Hauptfigur des Romans gelingt es mit ihrem Partner, einem Arzt, auf ein Schiff nach Übersee zu gelangen, nur um kurz nach der ersehnten Abfahrt auf eine Mine zu laufen und zu sterben. Am Beispiel ihres Protagonisten macht Seghers deutlich, dass es auch Menschen bedarf, die nicht flüchten, sondern sich dem Gegner stellen und Widerstand leisten. Andererseits geht der Roman thematisch über die Darstellung einer historisch einzigartigen Situation in den 40er-Jahren des vergangenen Jahrhunderts weit hinaus. Anna Seghers selbst war es wichtig, ihren Text nicht nur als zeitgeschichtliches biografisches Dokument einer Dichterin während des Zweiten Weltkriegs zu lesen. Bei allen äußerlich sichtbaren Parallelen zum Leben der Autorin steht in „Transit“ das Exil auch „stellvertretend für die Grundsituation des Menschen“[1], der in einer Welt, die aus den Fugen geraten scheint, stets auf der existenziellen Suche nach Heimat, Geborgenheit, Solidarität und Freundschaft ist. Diese Thematisierung einer in ihrem Kern allgemeinmenschlichen Grundsituation gelingt der Dichterin v.a. über zahlreiche Anspielungen auf Mythos, Märchen, Sage und Geschichte, die den Roman „Transit“ jenseits der konkret-oberflächlichen Handlungsebenen durchziehen. So erinnert Seghers’ Protagonist in seiner unruhigen Suche nach Heimat und Geborgenheit an die mythische Figur Odysseus. Auch andere Figuren wie Marie, der Arzt oder der Mittransitär haben ihr mythisches Pendant in der Sagenwelt. Auf diese Weise wird deutlich, dass die Dichterin den Verlust von Heimat, Verfolgung, Gefahr und Hoffnung im

---

[1] Matthias Wegner: Exil und Literatur. Deutsche Schriftsteller im Ausland 1933–45. Frankfurt am Main: Athenäum 1968, S. 212

Krieg und die daraus folgende Suche nach Asyl als periodisch wiederkehrende Ereignisse im Verlauf der Menschheitsgeschichte verstanden haben möchte. Wer unter dieser Prämisse Seghers' Exilroman (1944) heute liest, kommt daher an der Aktualität der Flüchtlingsproblematik im 21. Jahrhundert nicht vorbei. Neben dem Klimawandel ist die weltweite Migrations- und Flüchtlingsbewegung eines der zentralen Themen im 21. Jahrhundert. 2019 waren laut offizieller UN-Statistik rund 79,5 Millionen Menschen aufgrund von Menschenrechtsverletzungen, Krieg und Verfolgung auf der Flucht. So wird die Suche des Erzählers nach einer neuen Heimat, die er am Ende im Kreis der Familie Binnet ja auch findet, zum literarischen Exempel für eine reale existenzielle Grundproblematik der Menschheit, die gegenwärtig ungelöst scheint und die politische Agenda vieler Staaten dominiert. Wer Seghers' lesenswerten Roman heute noch oder wieder in die Hand nimmt, erhält also zum einen eine überaus interessante und spannend erzählte Geschichtsstunde durch einen Klassiker der Exilliteratur des 20. Jahrhunderts. Zum anderen liest man den Text heute auch immer vor dem Hintergrund gegenwärtiger gesellschaftlicher, politischer, sozialer und ökonomischer Kontexte. Die Empathie und Perspektivenübernahme, die Seghers' Text auch heute noch auslöst, kann dabei als sinnvoller Beitrag zur aktuellen Debatte um individuelle Flüchtlingsschicksale und nationale Aufnahmekapazitäten sein.

Viel Freude beim Lesen, Denken und Philosophieren wünscht Ihnen

Timotheus Schwake

Der Inhalt im Überblick

Anna Seghers' Roman „Transit" ist Teil der sog. „Exilliteratur". Seine Handlung wird von einem anonymen Erzähler aus der Retrospektive erzählt, der Roman stellt also eine Art subjektiven Bericht dar, der formal an eine Reportage erinnert. Zu Beginn sitzt der Erzähler in einer Pizzeria in Marseille, dem Ort der Handlung, einer namentlich ebenfalls unbekannten Person gegenüber, um dieser seine persönliche Geschichte zu erzählen. Diese Geschichte handelt vom Ankommen und Abfahren, von der Bedeutung des Lebens in der Fremde und dem Verlust von Heimat und Familie. Der anonyme Erzähler berichtet von seiner spannenden Flucht vor nationalsozialistischer Verfolgung im Norden Frankreichs, die in Marseille ihr vorläufiges Ende findet. Doch auch dort kommt der Flüchtling nicht zur Ruhe, denn der Versuch, von hier aus nach Übersee auszuwandern, gestaltet sich angesichts behördlicher Willkür und bürokratischem Terror weitaus schwieriger als angenommen.

Seinen Anfang nimmt der Bericht mit einem Rückblick. Der Erzähler beschreibt seine aufregende Flucht aus einem deutschen Konzentrationslager und französischen Arbeitslager, die ihn nach Paris führt. Dort begegnet er einem Bekannten namens Strobel, der ihn bittet, den deutschen Schriftsteller Weidel aufzusuchen, um diesem einen Brief seiner Frau auszuhändigen. Dazu kommt es nicht, denn der verzweifelte und einsame Dichter hat mittlerweile Suizid begangen, sodass der Erzähler mehr oder weniger unfreiwillig an die Hinterlassenschaften des Verstorbenen gerät. Mehr durch den Zufall der Umstände bedingt als absichtlich nimmt der Erzähler die Identität Weidels an. Da die deutsche Wehrmacht im Juni 1940 Paris besetzt, flüchtet der Erzähler aus der Hauptstadt in den Süden Frankreichs, in die sog. „zone libre". In Marseille finden sich Tausende von Flüchtlingen ein in der Hoffnung, den todbringenden

europäischen Kontinent in Richtung Übersee verlassen zu können. Hier trifft der Erzähler – mittlerweile ausgestattet mit einem falschen Pass unter dem Namen Seidler – zufällig auf Weidels Ehefrau Marie, deren Schönheit und Anmut ihn sofort in den Bann schlagen. Auch wenn es nicht das Ziel des Erzählers ist, Marseille schnellstmöglich zu verlassen, unterscheidet sich sein Leben vor Ort grundsätzlich nicht von dem der anderen Flüchtlinge. Es ist geprägt von unzähligen Behördengängen und der verzweifelten Suche nach den für die Schiffspassage ins Ausland notwendigen Ausreisepapieren. Langeweile und Warten, Wiederholung und die ewige Wiederkehr des Gleichen prägen den unmenschlichen Alltag der Flüchtlinge, in steter Sorge vor der nahenden deutschen Wehrmacht. Zu Beginn zieht der Ich-Erzähler, der auch von den mexikanischen Behörden für den Dichter Weidel gehalten wird, einige Vorteile aus seiner falschen Identität. Einzig die Familie Binnet, die ihn schon länger kennt, weiß um seine wahre Herkunft. Abseits seiner Treffen mit den Binnets spielt er ein falsches Spiel.
Da er sich vor den ausländischen Konsulaten weiterhin als Weidel bzw. Seidler ausgibt, legt er ungewollt Spuren in der Stadt. Auf diese trifft Marie, die sich auf die verzweifelte Suche nach ihrem Ehemann begibt, in regelmäßigen Abständen, sodass sie fälschlicherweise davon ausgehen muss, dass ihr Gatte noch am Leben ist. Der in Marie verliebte Erzähler merkt, dass er damit selbst dafür Sorge trägt, dass die Frau seinem Werben nicht nachgeben möchte. So entscheidet er sich dazu, Marie die Wahrheit über Weidels Selbstmord zu sagen. Er hofft, die Frau von ihrem derzeitigen Partner, einem Arzt, entfremden zu können. Doch die Frau glaubt ihm nicht. Zu viele falsche Spuren hat der Erzähler in Marseille gelegt, als dass Marie ihm jetzt noch Glauben schenken könnte. Das macht die Tragik seines Handelns aus. Schließlich gelingt es dem Ich-Erzähler, sämtliche Ausreisepapiere für sich und Marie zu erhalten.

Doch zu einer gemeinsamen Ausreise per Schiff kommt es nicht, da der Ich-Erzähler sein Ticket für die Reise auf der „Montreal" zurückgibt, als er erkennt, dass Marie die Suche nach ihrem Mann niemals aufgeben wird. Diese tritt in der Hoffnung, auf dem Schiff ihren Mann anzutreffen, die Reise mit ihrem aktuellen Lebensgefährten, dem Arzt, an. Der Erzähler erfährt schließlich von dem Gerücht, die „Montreal" sei untergegangen. Am Ende kommt er zu dem Entschluss, sich den anderen Transitären nicht anzuschließen und die Ausreise nach Übersee nicht zu realisieren. Er folgt vielmehr dem Angebot Georg Binnets, als Teil der Familie im Marseiller Umland zu bleiben und auf einer Pfirsichplantage zu arbeiten. Statt weiter in einem unsicheren, transitären Zustand zu leben, wird er mit diesem Entschluss sesshaft. Diese neue Heimat und Familie ist er bereit, mit der Waffe und als Teil der Résistance, des organsierten französischen Widerstands, gegen die herannahende deutsche Wehrmacht zu verteidigen.

Die Personenkonstellation

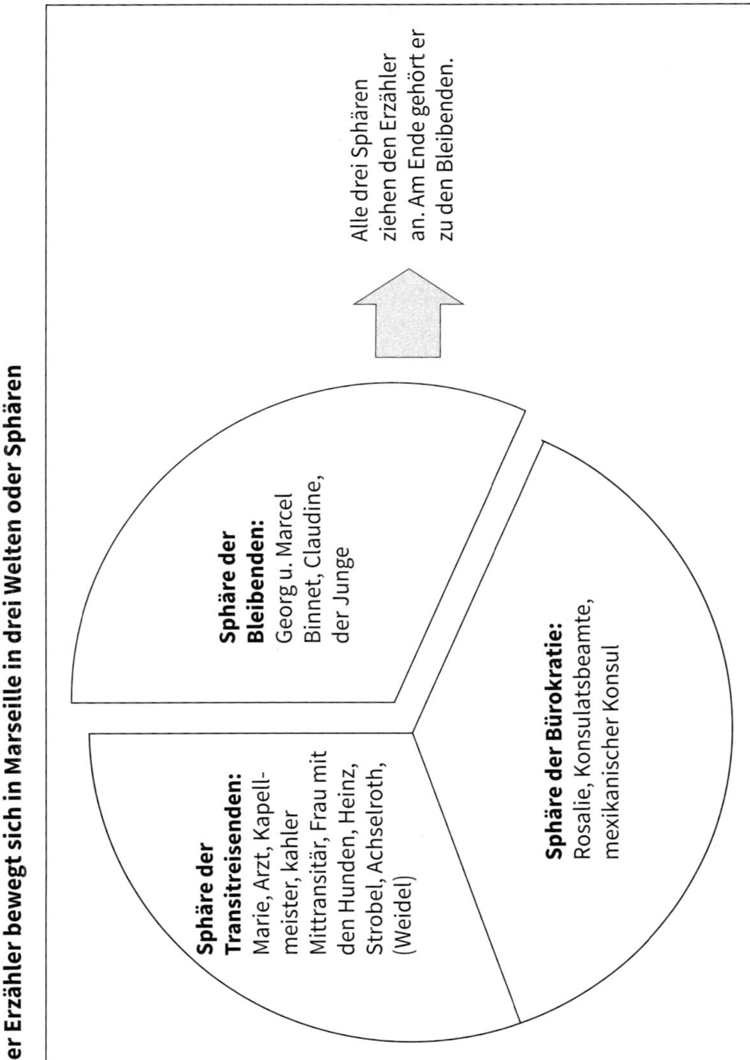

Inhalt, Aufbau und erste Deutungsansätze

Erstes Kapitel (S. 5 – 37)

Der Romananfang: die Katastrophe des Untergangs der „Montreal“

Der Roman „Transit“ beginnt mit einem spektakulären Auftakt. Mit einer verstörenden Schreckensnachricht eröffnet Anna Seghers ihren Roman: „Die ‚Montreal‘ soll untergegangen sein zwischen Dakar und Martinique.“ (S. 5)[1] Dieses erzählerische Verfahren verwickelt die Leserin bzw. den Leser direkt mit der Katastrophe, ein Verfahren, das häufig in der Kriminalliteratur angewandt wird und mit dem die Autorin versucht, Spannung zu erzeugen. Dafür hält sie Informationen zurück, die erst im weiteren Verlauf der Handlung dargestellt werden. So auch bei Seghers: „Die Schifffahrtsgesellschaft gibt keine Auskunft. Vielleicht ist auch alles nur ein Gerücht.“ (Ebd.) An dieser frühen Stelle erhalten der Zuhörer bzw. die Zuhörerin wie auch die Leserin bzw. der Leser nur wenige Informationen über den Anlass der Erzählung. Doch schon hier wirkt der Erzähler unehrlich und vage, denn er spricht von Marie und dem Arzt als „Paar, das ich einmal flüchtig gekannt habe“ (S. 6). Was die Leserin bzw. der Leser so früh noch nicht wissen: Man kann die junge Frau, von der er hier so beiläufig spricht, als die große Liebe des Erzählers bezeichnen, ihren wahrscheinlichen Tod als persönliche Tragödie. So beginnt der Erzähler seinen Bericht, der wie eine spannende Reportage wirkt, mit einer Untertreibung, wenn nicht sogar mit einer Lüge.

Frühjahr 1941

Der Romanbeginn liefert die Ausgangssituation: Der Ich-Erzähler, dessen Namen die Leserin/der Leser im Verlauf des gesamten Romans nicht erfährt, sitzt im Frühjahr 1941 in einem Café einer Person gegenüber, der er bei „einem

[1] Die Seitenangaben beziehen sich auf folgende Ausgabe: Anna Seghers: Transit. Roman. 4. Aufl., Aufbau Verlag: Berlin 2019.

Glas Rosé und einem Stück Pizza“ (S. 5) die Geschichte seiner abenteuerlichen Flucht erzählen will, die zu Beginn des Zweiten Weltkriegs (1939 – 1945) in Frankreich spielt. Damit ist der äußere Rahmen der Erzählung abgesteckt, denn diese Ausgangssituation findet sich auch am Romanende wieder.

Der Aufbau des Romans

Beginn	**Handlungskern**	**Ende**
Protagonist erzählt seine Geschichte in einer Pizzeria in Marseille (vgl. S. 5 ff.).	Flucht des Erzählers aus KZ und Arbeitslager über Paris nach Marseille/in Marseille: Liebesgeschichte u. Erlebnisse mit anderen Flüchtlingen	Protagonist kehrt in die Pizzeria nach Marseille zurück u. erzählt seine Geschichte (vgl. S. 299 f.).
Rahmen I ⟶		⟶ **Rahmen II**

Bedeutung des Erzählens

Der Erzähler reflektiert nun darüber, wie wichtig es für ihn ist, „einmal alles [zu] erzählen, von Anfang bis zu Ende“ (S. 6). Rückblickend erfährt der ebenfalls namenlose Zuhörer in dem Café – und mit ihm die Leserin und der Leser –, dass der Erzähler 1937 aus einem deutschen Konzentrationslager geflohen und später in der Nähe von Rouen in einem französischen Arbeitslager interniert worden ist. Auch aus diesem erneuten Gefängnis gelingt dem Erzähler während eines deutschen Bombenangriffs die lebensgefährliche Flucht; gemeinsam mit einem stummen „Strom von Flüchtlingen“ (S. 9) schlägt er sich quer durch die Felder durch. Ein französisches Ehepaar nimmt sich für kurze Zeit seiner an und verpflegt ihn. Doch die unerwartete Ankunft deutscher Wehrmachtssoldaten im Frühjahr 1940 zwingt ihn zum erneuten Aufbruch. In „fünf Tagesmärschen“ (S. 13) zieht der Erzähler nach Paris weiter. Auch die franzö-

Vorgeschichte: Flucht aus einem Konzentrationslager und Arbeitslager in Rouen

sische Hauptstadt ist bereits von deutschen Soldaten besetzt. Der Erzähler erhält bei der befreundeten Familie Binnet Unterschlupf. Obwohl er ein Deutscher ist, ist der Erzähler hier willkommen: „Sie verwechselten mich auch nicht mit den Nazis, weil ich ein Deutscher war." (S. 15) Auch wenn man im Verlauf des Romans insgesamt eher wenig über die ideologische Ausrichtung des Erzählers erfährt, so kann man doch rückschließen, dass er – von Beruf „Monteur" (S. 17) – ein Gegner des NS-Regimes und damit einer menschenverachtenden, rassistischen und antisemitischen Ideologie ist. Zum klassischen Helden taugt er jedoch – wie im weiteren Verlauf deutlich wird – lange nicht.

Beruf: Monteur

Gegner des NS-Regimes

Kurze Zeit später trifft der Erzähler in der Stadt zufällig auf Paul Strobel, einen ehemaligen Lagergenossen. In einem kleinen Café erzählt ihm „Paulchen" (ebd.), dass er als Schriftsteller, der „ein Buch gegen Hitler" (ebd.) verfasst habe, besonders gefährdet sei und aus diesem Grund bereits ein Danger-Visum[1] für die Vereinigten Staaten erhalten habe. Der Erzähler stört sich an der Eitelkeit und Wichtigtuerei seines Bekannten, ein Motiv, das im weiteren Verlauf noch häufiger auftauchen wird. Er denkt stattdessen voller Bewunderung an einen weiteren, völlig uneitlen und aufopferungsvollen Freund namens Heinz, der in Spanien aufseiten der Internationalen[2] gegen den Faschismus kämpfe. Der Bitte Paul Strobels, für ihn einen Brief an den Schriftstellerkollegen Weidel in einem Pariser Hotel abzugeben, kommt der Erzähler dennoch nach. Wie sich herausstellt, setzt diese Hilfsbereitschaft das weitere Geschehen erst richtig in Gang. Denn der Erzähler wird – anders als erwartet – seinen Brief im Hotel nicht los. Vielmehr muss er erfahren, dass sich

Abneigung gegenüber eitlen Schriftstellern ist ein zentrales Motiv

Vorbild: der solidarische Antifaschist Heinz

Auslöser der Handlung: Brief

[1] Visum für besonders gefährdete Menschen

[2] Die internationalen Brigaden waren von den kommunistischen Verbänden ausgebildete militärische Freiwilligenverbände, die im Spanischen Bürgerkrieg (1936 – 1939) gegen den Diktator Franco kämpften.

der Dichter Weidel das Leben genommen und das Hotel damit in große Schwierigkeiten gebracht hat, da es sich bei Weidel um einen illegalen Deutschen gehandelt habe, dem man gar keine Herberge hätte anbieten dürfen. Die hierüber erboste Hotelwirtin ist jedoch hocherfreut, als der Erzähler sich bereit erklärt, Weidels Hinterlassenschaften mitzunehmen und mit der Hilfe Paul Strobels der Witwe des Dichters zukommen zu lassen: „Ich nehme das Ding gerne an mich. Das macht mir nichts aus." (S. 25) Doch der Plan des Erzählers geht nicht auf: Paul Strobel, dem er die Unterlagen aushändigen wollte, erscheint nicht zum vereinbarten Treffen. Der Erzähler nutzt die gewonnene Zeit, um einen Blick in den Koffer des Verstorbenen zu werfen. Er findet dort das Manuskript eines unvollendeten Romans, den er – eher aus Langeweile als aus echtem Interesse – zu lesen beginnt. Obwohl er behauptet, „noch nie ein Buch zu Ende gelesen zu haben" (S. 26), fühlt er sich von dem Text Weidels schnell in den Bann gezogen, der Erzähler ist von der Lektüre „verzaubert" (ebd.). Als Deutscher in Frankreich erlebt er die Kraft der „Muttersprache", die „wie die Milch dem Säugling" (S. 27) wirkt. Seghers erwähnt hier das Problem vieler Exilanten und Exilantinnen, die mit ihrer Flucht nicht nur ihre Heimat, sondern auch ihre Muttersprache verloren hatten. Zugleich gewinnt der Erzähler den Eindruck, dass die erzählte Geschichte seiner eigenen ähnelt: „Ich fand auch, dass einer darunter mir selbst glich." (Ebd.) Diese Merkmale des Lesens führen am Ende zu der Einsicht, dass Kunst – hier die Literatur – eine wichtige Wirkung haben kann, indem sie die Leserin bzw. den Leser „vor dem Übel" (S. 28) bewahrt.

Lesen aus Langeweile: Faszination durch Literatur

Problem der Exilanten und Exilantinnen: Verlust der Heimat und der Muttersprache

Zentrale Bedeutung der Kunst/Literatur

Was Literatur kann

- in andere Welten entführen (Fantasie anregen) und verzaubern
- durch die Muttersprache Heimat und Geborgenheit erzeugen
- Orientierung liefern
- den Einzelnen schützen

Zentrales Motiv: das Imstichlassen anderer Menschen

Die Suche nach Paul Strobel bleibt ergebnislos (vgl. S. 28). Dafür erhält Strobel vom Erzähler die wenig schmeichelhafte Bezeichnung eines „ganz netten Imstichlasser[s]“ (S. 29). Das Motiv des Imstichlassens findet im Roman noch einige Male Erwähnung. Der Erzähler lernt dadurch am Ende, dass Solidarität und Verlässlichkeit, die sich vor allem in der Figur Heinz zeigen, wichtiger sind als Egoismus und Eigeninteresse, die so viele Figuren im Roman auszeichnen.

Katalysatoren: Zwei Briefe beschleunigen die Handlung

Der Erzähler liest nun auch die zwei Briefe, die er im Koffer des Verstorbenen gefunden hat. Der erste beinhaltet die Absage des Verlages, den Roman zu drucken. Im zweiten teilt ihm seine Frau mit, dass „ihr gemeinsames Leben […] zu Ende“ (S. 29) sei. Nun öffnet der Erzähler den Umschlag, den er von Paul Strobel erhalten hat, um ihn an Weidel im Hotel zu übergeben. Er findet darin zwei weitere Schreiben. Im ersten die Bestätigung des mexikanischen Konsulates, dass sämtliche für seine Ausreise notwendigen Papiere vorlägen und auch die Reisekosten bereits bezahlt seien. Genau diese Tatsache wird sich der Erzähler bald zunutze machen, indem er sich in Marseille, dem Ort der Abfahrt ins außereuropäische Exilland, als Weidel ausgibt. Im zweiten Brief fleht seine Frau ihren Mann an, unverzüglich nach Marseille zu reisen, um dort gemeinsam ins Exil abzureisen.

Mexiko gewährt Flüchtlingen Asyl

Der Erzähler nimmt diese Information zum Anlass, selbst das mexikanische Konsulat aufzusuchen, um dort den Koffer abzugeben. Das mexikanische Konsulat wird auch später in Marseille eine wichtige Rolle spielen, da die mexikanische Regierung in der Zeit des Zweiten Weltkriegs viele von den Nationalsozialisten verfolgte Dissidentinnen und Dissidenten aufzunehmen bereit war (vgl. S. 33). Für viele verzweifelte und um ihr Leben fürchtende Flüchtlinge wurde Mexiko so zum Traumland, übrigens auch für die jüdisch-kommunistische Dichterin Anna Seghers selbst, der im Herbst 1941 über Marseille die Flucht nach Mexiko ge-

Biografische Parallele: Auch Anna Seghers flüchtet nach Mexiko

lang, wo sie mehrere Jahre in Sicherheit leben konnte. Das Ansinnen des Erzählers wird ihm aber verweigert; stattdessen wird er von einem Konsulatsangestellten für einen Flüchtling gehalten, der nach Mexiko auswandern will, und er wird daher aufgefordert, ein „Papier" (S. 34) auszufüllen. Hier nimmt das Wechselspiel der Identitäten, das den gesamten Roman prägt, seinen Anfang, denn der Erzähler verheimlicht seine wahre Identität, indem er einen falschen Namen angibt: „Mein eigener Name blieb aus dem Spiel." (Ebd.) Diesen zentralen Charakterzug – sich nicht als der zu erkennen zu geben, der er wirklich ist – zeigt der Protagonist noch viele Male. Als er wieder auf dem Konsulat vorstellig wird, erhält er keine Gelegenheit, das Missverständnis aufzuklären. Der mexikanische Vizekonsul erklärt sich für nicht zuständig, was zu der Entscheidung des Erzählers führt, Weidels Koffer mit seinen eigenen Sachen zu füllen. Damit macht er sich symbolisch die Geschichte des Verstorbenen zu eigen, was im weiteren Verlauf dazu führen wird, dass er für Weidel gehalten wird. Daraus zieht er oberflächlich gesehen Vorteile, die wesentlich bedeutsameren Nachteile erkennt er erst am Ende seines persönlichen Entwicklungsprozesses.

Beginn des Wechselspiels der Identitäten: Erzähler verheimlicht seinen Namen

Charaktermerkmal: Verstellung

Der Erzähler ist nun bereit, sich gemeinsam mit den Binnet-Söhnen auf ein neues „Abenteuer" (S. 36) einzulassen und in den Süden Frankreichs zu fliehen. Am Ende des ersten Kapitels wird erneut die Bedeutung der Solidarität und Gemeinschaft betont, denn der Erzähler flüchtet mit seinen Freunden, um mit diesen „zu hoffen und zu leiden" (ebd.).

Bedeutung von Solidarität und Gemeinschaft

Zweites Kapitel (S. 38 – 54)

Nach der Besetzung des Nordens Frankreichs durch die deutsche Wehrmacht im Frühjahr 1940 gerieten viele Gegner des NS-Regimes von einem Tag auf den anderen in Lebensgefahr. Paris war für viele Menschen zu einem unsiche-

Teilung Frankreichs

ren Ort geworden. Für Frankreich hatte Marschall Pétain[1] mit dem Waffenstillstand vom 22. Juni 1940 jedoch eine Trennung des Landes erreicht. Sie sah vor, dass Nordwestfrankreich an Deutschland fiel, während der Süden weiterhin französisch von Vichy[2] aus von Pétain verwaltet wurde. Der sogenannte „Blitzkrieg" im Westen hatte kaum sechs Wochen gedauert, ihm fielen etwa 180 000 Menschen zum Opfer. Viele Menschen traten aus dem Norden des Landes die Flucht ins vermeintlich sichere „Vichy-Frankreich" des Südens an. Tausende Franzosen, aber auch deutsche Oppositionelle, die nach der Machtübernahme Hitlers 1933 Zuflucht in Frankreich gefunden hatten, flohen vor der Besatzungsmacht an die Mittelmeerküste, z. B. nach Marseille, um Europa per Schiff zu verlassen. Diesem Flüchtlingsstrom schließt sich jetzt auch der Erzähler an. Wenig mitfühlend beschreibt er die panischen Menschen metaphorisch als „Überreste von jenen erbärmlichen Menschenhaufen" (S. 38) und ist geschockt davon, wie die „Welt in diesem Jahr gealtert" (ebd.) scheint. Das fehlende Mitgefühl und die Kälte, mit der der Erzähler über die verzweifelten Menschen auf der Flucht spricht, wird die Leserin und den Leser noch lange begleiten. Er hält die Versuche, sich registrieren und einordnen zu lassen (vgl. S. 49), um an die notwendigen Ausreisepapiere zu gelangen, für sinnlos. Ihm selbst gelingt es nur mit großer Mühe, den um Ordnung bemühten Behörden zu entkommen, die nach seinen Papieren fragen, die er nicht vorweisen kann. Erst am Ende der Handlung ändert sich der Blick des Erzählers auf seinesgleichen, er wird warmherziger und mitfühlender. Doch noch empfindet er sein unstetes Leben auf der Flucht als eine defizitäre Existenzform: „Alles war auf der Flucht, alles war nur vorübergehend, aber wir wussten

Erfolgreicher „Blitzkrieg" der deutschen Armee

Metapher und Personifikation zeigen Mangel an Empathie

[1] Vgl. Kapitel „Hintergründe", S. 63 ff.
[2] Ebd.

Französische Flüchtlinge auf dem Weg in den Süden des Landes (1940)

noch nicht, ob dieser Zustand bis morgen dauern würde oder noch ein paar Wochen oder Jahre oder gar unser ganzes Leben." (S. 41) An dieser Stelle beschreibt der Erzähler erstmals den Zustand des Transitären, Unsicheren, Offenen, der dem Roman seinen Titel gibt. Ein solcher Transitärer ist er selbst, indem er keine Vergangenheit und Zukunft zu haben scheint und nur im Hier und Jetzt leben muss, ohne Ziel und ohne Plan.

Der Zustand des Transitären: Leben in Unsicherheit

Immer noch unterwegs nach Marseille, begegnet er in einem kleinen Dorf seiner ehemaligen Freundin Yvonne Binnet, die – als sie von der Illegalität des Erzählers erfährt – diesem gefälschte Papiere besorgt, die ihm eine erfolgreiche Weiterreise ermöglichen sollen. Diese lauten auf den Namen Seidler (vgl. S. 42). Der Erzähler ist für diese Hilfe überaus dankbar: „Also hing ich an der Familie Binnet wie ein Kind, das seine eigene Mutter verloren hat und sich an den Rock einer anderen Frau hängt, die seine Mutter zwar nie sein kann, aber doch etwas Güte abgibt." (S. 43) In der Reflexion über die Bedeutung dieser Familie für ihn selbst

Bindung an die Familie Binnet

Ausgangspunkt: Mangel an Heimat und Identität

erkennt der Erzähler, was ihm fehlt: „Irgendetwas war mir verloren gegangen, so verloren, dass ich nicht einmal mehr genau wusste, was es gewesen war, dass ich es nach und nach nicht einmal mehr richtig vermisste, so gründlich war es verloren gegangen in all dem Durcheinander." (S. 43) Was er meint, aber an dieser Stelle noch nicht auszusprechen in der Lage ist, sind Begriffe wie Heimat, Familie, Geborgenheit und Identität.

Ankunft in Marseille

Schließlich kommt der Erzähler in Marseille an. Bei seiner Ankunft empfindet er endlich wieder „das Glück, zu leben" (S. 45). Er sucht im korsischen Viertel nach dem Wohnhaus Georg Binnets. Er trifft dort jedoch nur auf dessen Geliebte, die ihm „außerordentlich schön, wenn auch unwünschbar fremd" (S. 46) vorkommt und ihm mitteilt, Georg gehe noch seiner Arbeit im Nachtdienst nach. Binnets Geliebte Claudine wird als schwarzer, wilder Vogel und mit weiteren natürlichen Attributen beschrieben (vgl. ebd.). Da sie im späteren Verlauf zu einer Art familiärem Rückhalt für den Erzähler wird, kann dies als Hinweis darauf gedeutet werden, dass die Natur, die sie verkörpert, der später immer mehr Macht gewinnenden Bürokratie und Verwaltung als vermeintliche Errungenschaften kulturellen Fortschritts überlegen ist.

Claudine als Verkörperung der Natur

Der Erzähler sucht nun weiter nach einem geeigneten Nachtquartier. In einem schäbigen Café trifft er auf einen kleinen alten Mann, der sich ihm als Kapellmeister vorstellt und auf seine Ausreise nach Caracas, der Hauptstadt Venezuelas, wartet. Dieser erläutert dem Erzähler die unsinnige und absurd anmutende Ausreisebürokratie, mit der es ein Neuankömmling zu tun habe.

Kapellmeister erklärt die Logik der Ausreisebürokratie

Der absurde Teufelskreis der Ausreisebürokratie

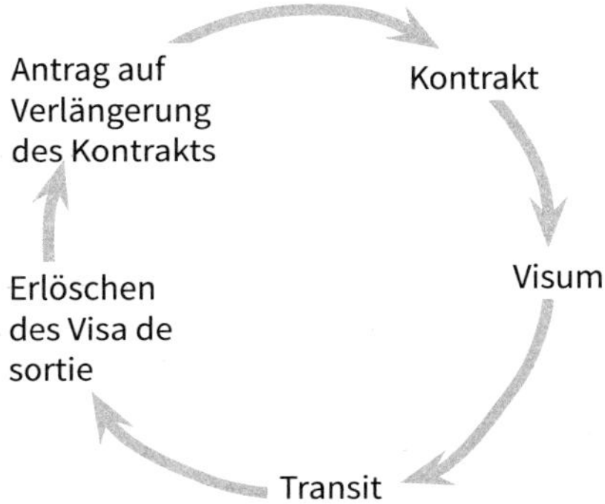

So habe er selbst „schon einmal einen Kontrakt“ besessen, auf den Kontrakt ein Visum, „auf das Visum das Transit“ (S. 49). „Die Gewährung des Visa de sortie [= Ausreisevisum] habe aber so lange gedauert, dass ihm inzwischen das Transit erloschen sei, darauf das Visum, darauf der Kontrakt“ (ebd.).

Der Erzähler schenkt dem beschriebenen bürokratischen Albtraum des besserwisserischen Kapellmeisters zuerst wenig Aufmerksamkeit (vgl. ebd.), da er nicht vorhat, Marseille zu verlassen. Darin unterscheidet er sich von den anderen Flüchtlingen in der Stadt. Erst als er von einem Unbekannten hört, dessen Ausreise nicht zustande gekommen sei, da er den notwendigen Entlassungsschein aus einem Konzentrationslager nicht habe vorlegen können, wird der Erzähler hellhörig. Er lernt vom alten Kapellmeister, was ein Transit ist: „Ein Transit – das ist die Erlaubnis, ein Land zu durchfahren, wenn es feststeht, dass man nicht bleiben will.“ (S. 50) So merkt der Erzähler, dass auch er zu einer Gruppierung gehört, die bei den Einheimischen unerwünscht ist. Was der Erzähler noch nicht weiß, ist, dass die-

Transit: Erlaubnis, ein Land auf der Reise in ein anderes zu durchfahren

se Spitzfindigkeiten des Emigrationsprozesses ihn über die nächsten Monate begleiten und quälen werden. Am Ende des Gesprächs macht der Kapellmeister den Erzähler auf dessen Koffer aufmerksam. Dieser nimmt sich vor, die darin enthaltenen Papiere zum mexikanischen Konsulat zu bringen.

Schließlich findet er doch noch ein Zimmer in einem Flüchtlingshotel. Erschöpft von der langen Reise, sinkt er auf das Bett. Bevor er in tiefen Schlaf fällt, hört er „aus weiter Ferne" (S. 54) ein „kleines einfaches Lied" (ebd.), das er zuletzt in seiner Heimat gehört hat. Es erinnert ihn an den persönlichen Verlust, den er durch Hitlers Machtergreifung erlitten hat. Dann träumt er davon, den Koffer verloren zu haben und verzweifelt zu suchen. Dieser Traum kann als unbewusster, nicht bearbeiteter Versuch gedeutet werden, mit der Unsicherheit und Angst im Hinblick auf seine verschwiegene Identität umzugehen.

Lied: Erinnerung an die Heimat

Albtraum: Angst vor dem Verlust der eigenen Identität

Drittes Kapitel (S. 55 – 87)

Missverständnis führt zu Bevorzugung

Gemeinsam mit einigen spanischen Frauen sucht Seidler – der Erzähler – das mexikanische Konsulat auf. Auf dem Anmeldebogen notiert er den Grund seines Kommens: „In Angelegenheit des Schriftstellers Weidel" (S. 57). Da der Name des Dichters in der Behörde längst bekannt ist, kommt der Erzähler in den Genuss einer Vorzugsbehandlung und wird schnell zum Konsul vorgelassen. Dieser entpuppt sich als „kleiner, noch junger Mann mit ungeheuer wachen Augen" (S. 58), der geübt darin scheint, „Lücken und Blößen" (ebd.) in den Anträgen seiner Klienten aufzuspüren. Doch als er den Namen „Weidel" hört, reagiert er vorschnell und falsch, denn er hält sein Gegenüber für den deutschen Dichter, der ja in Paris Selbstmord begangen hat. Der ursprüngliche Plan des Erzählers, hier den Koffer Weidels mitsamt dessen Inhalt loszuwerden, entpuppt sich als Illusion, denn der Konsul drängt ihm Weidels Auswanderungsdokumente regelrecht auf und informiert ihn darüber, dass dem Erzähler das notwendige Visum nur dann ausgestellt werden könne, „wenn meine Regierung Ihnen bestätigt, Ihr Passname Seidler sei gleich mit dem Schriftstellernamen Weidel, was meine Regierung tun kann, wenn für Ihre Identität gebürgt wird“ (S. 60). Zwar versucht der Erzähler kurzzeitig und eher halbherzig, das Missverständnis aufzuklären, doch dringt er mit seiner Richtigstellung bei dem überarbeiteten Verwaltungsbeamten nicht durch. Am Ende des Gesprächs rückt so etwas in greifbare Nähe, was er im Gegensatz zu den anderen Transitären gar nicht angestrebt hat: das Exil in Mexiko (vgl. S. 61).

Der Erzähler bekommt, was er nicht will: Aussicht auf Exil in Mexiko

Weil er „das Alleinsein nicht mehr ertragen“ (S. 62) kann, sucht er im Anschluss erneut die Familie Binnet auf, die einzigen Menschen in der fremden Großstadt, die ihn wirklich kennen und bei seinem wahren Namen rufen können. Dieses Mal hat er Glück, Georg Binnet ist zu Hause und kümmert sich sofort um seinen Gast. Der Erzähler charakterisiert Binnet als einen Menschen, „der mich nicht fragte, wohin ich wolle, sondern woher ich käme“ (ebd.). Ein Indiz dafür, dass dem Erzähler der Verlust seiner Heimat bedeutsamer erscheint als die Möglichkeit, in weiter Ferne eine neue Bleibe zu finden. Bei den Gesprächen im Haus der Familie ist auch der kleine Junge Claudines anwesend. Zu ihm baut der Erzähler sehr schnell eine „schmerzhafte Zuneigung“ (S. 63) auf. Die Bindung des Erzählers zu dieser Familie ist so außergewöhnlich, dass er selbst von einer „großen Liebe“ (ebd.) spricht, die er im Beisein aller am gemeinsamen Esstisch spürt und die eine „unvermutete Geborgenheit“ (ebd.) zur Folge hat. Dieses Gemeinschaftserlebnis verändert den Erzähler, dies zeigt sich auch bei weiteren Treffen des Erzählers mit Mitgliedern der Familie: „Ich war an diesem Abend bei Binnets ruhiger geworden.“ (Ebd.)

Rückhalt und Geborgenheit bei der Familie Binnet

Hin- und Hergerissensein zwischen zwei Welten

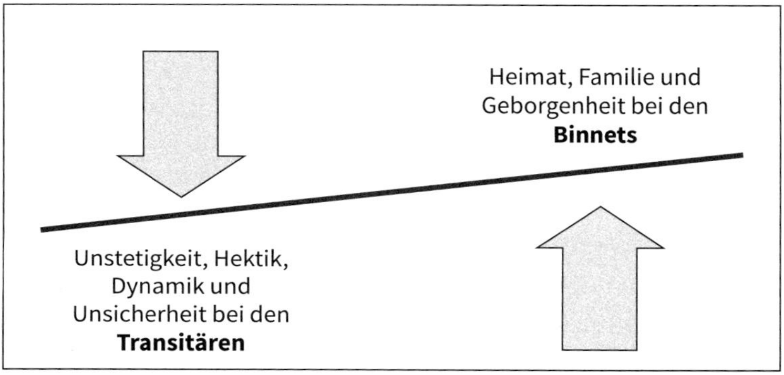

Mit der Ruhe und Geborgenheit ist es schnell vorbei, als der Erzähler am Abend in sein Hotel zurückkehrt und von lärmenden Fremdenlegionären im benachbarten Zimmer am Schlafen gehindert wird. Obwohl stark alkoholisiert, versteht sich der Erzähler gut mit den Soldaten und er verwirft seinen ursprünglichen Plan, für Ruhe zu sorgen. Diese Nachsicht zahlt sich schon bald aus, denn noch in derselben Woche führt die französische Polizei auf der Suche nach illegalen Flüchtlingen eine Razzia im Hotel durch. Dieser entgeht der Erzähler nur dank der spontanen Hilfe eines Legionärs, der ihn im Bodenraum versteckt. Wie wenig Mitgefühl der Erzähler zu diesem Zeitpunkt hat, wird daran deutlich, dass er „froh und böse“ (S. 67) sieht, wie die Polizei an seiner Statt einen unbekannten „Jemand“ (ebd.) verhaftet und abführt. Noch lebt der Erzähler offensichtlich nach dem Motto „Jeder ist sich selbst der Nächste“.

Egoismus des Erzählers

Zeitlich begrenzte Aufenthaltsgenehmigung

Der Erzähler gerät in den Besitz eines Saufconduits[1]. Mit dieser Aufenthaltsgenehmigung für vier Wochen ausgestattet, richtet er sich sein Leben in Marseille so gut wie

[1] Aufenthaltsgenehmigung für Ausländer, deren Herkunftsland keine diplomatischen Beziehungen zum Gastland pflegt

möglich ein. Obwohl er selbst mehrfach betont, kein normaler Flüchtling zu sein, da es nicht sein Ziel sei, auszuwandern, sondern er bleiben wolle, wird er in die Ausreisebürokratie wie jeder andere auch integriert: „Ich wurde gestempelt." (S. 68) Ausgestattet mit den Informationen des Kapellmeisters gibt er den Behörden, was diese wünschen, und gaukelt ihnen vor, bald abreisen zu wollen. Genau diese Absicht ist die Voraussetzung für das vorläufige Bleiberecht. Obwohl formal einer von ihnen, blickt der Erzähler weiterhin auf die Transitären herab, die er abfällig und metaphorisch als „Horde abfahrtssüchtiger Teufel" (ebd.) kennzeichnet.

Integration in Prozess der Ausreisebürokratie wider Willen

Bald macht er die Bekanntschaft eines hübschen Mädchens namens Nadine, die als Verkäuferin in einer Hutabteilung arbeitet. Sie beginnen sehr schnell eine Affäre miteinander, bei der von vornherein klar ist, dass die Beziehung nicht von Dauer sein wird. Jeden Abend holt der Erzähler die junge Frau nun zum Essen ab. Da er fast kein Geld besitzt, hungert er den ganzen Tag, um die Freundin am Abend in ein Café einladen zu können. Doch die vier Wochen gehen schnell herum. Dem Erzähler droht nun, ausgewiesen zu werden, zumal der Beamte im Fremdenamt den Verdacht hegt, der Erzähler wolle gar nicht wirklich abreisen, da er nicht einmal die „Aussicht auf ein Visum" (S. 71) habe. Die Idee, erneut den mexikanischen Konsul aufzusuchen und dort die Verlängerung seiner Aufenthaltsgenehmigung zu erwirken, zeigt Erfolg, da er glaubhaft machen kann, dass sich der Prozess der Bestätigung seines angeblichen Künstlernamens verzögert habe (vgl. S. 72).

Affäre mit Nadine

Gegen seinen eigenen Willen wird der Erzähler nun sukzessive Teil der Gemeinschaft der Ausreisewilligen, Flüchtlinge und Transitäre. Seine Tage verbringt er wie diese mit Warten, meist in billigen Cafés, wo er schlechten Kaffee-Ersatz (vgl. S. 73) trinkt und erneut auf den Kapellmeister

Materielle Armut

Treffen mit Paul Strobel

trifft, dessen Totenkopf-Augenhöhlen den zunehmenden Verfall deutlich machen. Auch auf Paul Strobel, seine ehemalige Lagerbekanntschaft, die ihm in Paris die Hinterlassenschaften Weidels ausgehändigt hat, trifft er eines Tages im Café Vertoux. Neu gekleidet und gut aussehend, wirkt Strobel wie einer der wenigen Profiteure des Krieges. Im gemeinsamen Gespräch stellt sich heraus, dass Strobel vom Tod Weidels nichts weiß. Dieser äußert sich kritisch über dessen letzte literarische Erzeugnisse. Der Erzähler erblickt in dieser Grundkonstellation eine große Chance für sich; wieder einmal verhält er sich strategisch, indem er Strobel überredet, seine Kontakte zu den jeweiligen Hilfsorganisationen für Weidel zu nutzen. Wenn es gelingt, dass diese dafür bürgen, dass Weidel der Künstlername des Dichters und Seidler sein tatsächlicher Name ist, dürften die bürokratischen Probleme des Erzählers der Vergangenheit angehören und die notwendigen Papiere ausgestellt werden. Spätestens jetzt ist klar, dass der Erzähler aktiv lügend in das Geschehen eingreift und den Identitätsschwindel für seine eigenen Zwecke nutzt: „Weidel geht nicht so leicht mehr unter Menschen. Er ist ja scheu. Erledige du, der du alles kannst, der du sehr gewitzt bist, die Sache für ihn.“ (S. 78) Strobel geht nichtsahnend in die Falle und stellt dem Erzähler in Aussicht, sein „Komitee“ (ebd.) zu veranlassen, sich des Falles anzunehmen.

Strategisches Verhalten des Erzählers

Erzähler wirkt aktiv-lügend auf das Geschehen ein

Die eigenen Versuche des Erzählers bzw. Seidlers, bei verschiedenen Komitees finanzielle Mittel für seinen Aufenthalt in Marseille einzutreiben, sind nicht von Erfolg gekrönt. Erst als er den Organisationen glaubhaft machen kann, dass er „alles aufgeben“ und „abreisen“ (S. 80) wolle, wird er großzügig mit Geldspenden ausgestattet. Der Erzähler erinnert sich an die Einführung des Kapellmeisters in die bürokratischen Absurditäten der Ausreisebürokratie, die jetzt ihre Bestätigung finden: „Sie belohnten allein die Abfahrtsbereiten, die alles aufgaben.“ (Ebd.) Aus diesem

Erzähler spielt das Spiel der Behörden mit und wird belohnt

Grund verschweigt er den Behörden auch seinen eigentlichen Plan, der darin besteht, Marcel Binnets Einladung anzunehmen und auf einer Pfirsichfarm im Umland zu arbeiten. „Denn Flüchtlinge müssen weiterfliehen, sie können nicht plötzlich Pfirsiche ziehen." (Ebd.)

Zufällig begegnet er seinem ehemaligen Mithäftling Heinz, dessen verstümmelter Körper Auskunft gibt über die Qualen, die er im antifaschistischen Freiheitskampf und auf der Flucht erdulden musste. Die Figur Heinz hat für den Erzähler eine Vorbildfunktion. In ihm erkennt er Charaktereigenschaften, die er selbst nicht mehr verkörpert, aber vermisst. Als Kommunist 1935 in einem Konzentrationslager eingesperrt, war Heinz nach erfolgreicher Flucht Teil der Internationalen Brigaden geworden und er beteiligte sich als Republikaner am Spanischen Bürgerkrieg, in dem er ein Bein verlor. Wegen seines Glaubens an die Bedeutung von Solidarität, Gemeinschaft und Treue genießt Heinz unter seinesgleichen hohes Ansehen. Auch der Erzähler erkennt Heinz' unbeirrbaren Glauben an das Kollektiv und seine Zuverlässigkeit an. Er fühlt sich an positive Eigenschaften erinnert, die er selbst zu diesem Zeitpunkt nicht mehr verkörpert, doch allein diese Erinnerung trägt dazu bei, dass der Erzähler sich seiner selbst bewusst wird: „[…] ich wusste auf einmal auch zu meiner unendlichen Beruhigung, dass ich immer noch da war, dass ich nicht verloren gegangen war, in keinem Krieg und in keinem Konzentrationslager […]." (S. 84)

Wiedersehen mit Heinz, der Vorbild und Mentor ist

Erzähler wird sich seiner selbst wieder bewusst

Die Bedeutung der Figur Heinz für den Erzähler

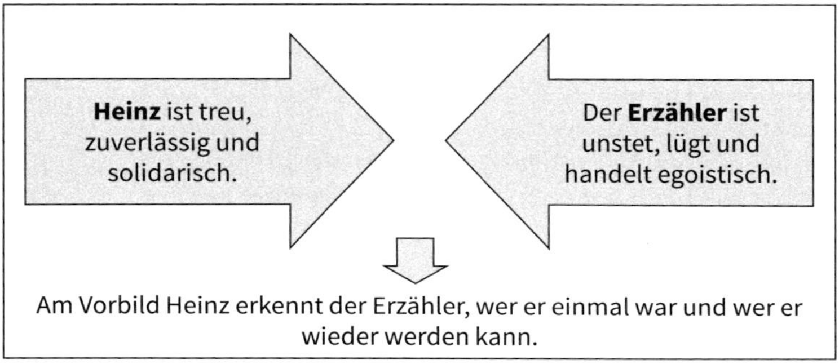

Das genügt, um sich erstmalig nicht um eigene Interessen zu kümmern, sondern um die eines Mitmenschen, der Hilfe bedarf: „Gibt es etwas, wobei ich dir helfen kann?“ (S. 85) Heinz wirkt wie ein positives Vorbild für den Erzähler, der im Beisein dieses außergewöhnlichen Menschen seine eigenen Schwächen und Defizite analysiert und schonungslos ausspricht: „Mein Leben geht ganz daneben.“ (S. 86) Doch diese Einsicht wirkt nur für kurze Zeit, denn obwohl er

Rückfall in alte Verhaltensmuster

von Heinz einen gefälschten KZ-Entlassungsschein ausgehändigt bekommt, versetzt er Heinz beim nächsten Treffen: „Es ist mir etwas dazwischengekommen“ (S. 47). Genau diese Unzuverlässigkeit, Unstetigkeit, Untreue und Unglaubwürdigkeit sind Eigenschaften, die den Erzähler zu Beginn seiner Zeit in Marseille charakterisieren.

Viertes Kapitel (S. 88 – 119)

Zu Beginn des Kapitels wird der Erzähler von Georg Binnet aufgesucht und um Hilfe gebeten. Der kleine Junge der Binnets, zu dem der Erzähler schon bei seiner ersten Begeg-

Erkrankung des Jungen

nung eine emotionale Bindung aufgebaut hat, sei erkrankt und benötige dringend einen Arzt. Der Erzähler ist sofort in großer Sorge, denn er „hing an dem Jungen vom ersten Tag ab“ (S. 88). Schnell wird er fündig: In der Rue du Relais findet er den früheren Leiter eines Dortmunder Krankenhauses, der sich bereit erklärt, dem kleinen Patienten zu helfen. Mit dem namenlosen Arzt betritt eine weitere wichtige Figur die Bühne. Er wird vom Erzähler zunächst bewundernd beschrieben: „Dieser Mann ist Arzt mit Leib und Seele.“ (S. 91) Unterwegs zum Haus der Binnets berichtet der Arzt dem Erzähler von seinen Plänen, eine Abteilung in einem mexikanischen Krankenhaus zu leiten, wenn es ihm endlich gelinge, die notwendigen Papiere zu erhalten: „Die Schwierigkeit liegt beim Transit.“ (S. 90) Wie die anderen Transitäre, die bisher den Weg des Erzählers gekreuzt haben, hat auch der Arzt Probleme damit, ein für die Überfahrt nach Amerika notwendiges Transit zu erhalten. Die Behandlung des Patienten zeigt schnell den gewünschten Erfolg, auch weil der Erzähler nicht zögert, die für die Heilung des Jungen notwendige Arznei mit seinem eigenen Komiteegeld für die Vorbereitung seiner Abreise zu finanzieren.

Erster Auftritt des Arztes

Einen Großteil seiner Zeit verbringt der Erzähler nun in einem stadtbekannten Café, dem Café Vertoux. Dabei befindet er sich unter Handlungsdruck, weil unterdessen der zweite Aufenthaltsschein des Erzählers abzulaufen droht. Wi-

Das historische Café Mont Ventoux, das Seghers als Vorbild diente

Ekel vor den Problemen der anderen Flüchtlinge

derwillig muss er im Café den zahllosen Gesprächen abfahrtsbereiter Flüchtlinge zuhören, was ihn anfangs mit Abscheu erfüllt: „Sie schwatzten alle unaufhörlich von ihren Transits, von ihren abgelaufenen Pässen, von Dreimeilenzonen und Dollarkursen, von Visa de sortie (Ausreisevisum) und immer wieder von Transits. Ich wollte aufstehen und fortgehen. Ich ekelte mich." (S. 95) Doch diese negative Einschätzung endet urplötzlich, als seine „Stimmung" (ebd.) umschlägt. Die gerade noch als wertloses Geplapper gewerteten Gespräche gelten ihm auf einmal als „uraltes Hafengeschwätz" (ebd.), das Hinweise gibt auf die Bedeutung der menschlichen Existenzweise. Er sieht das Gerede der Flüchtlinge nun mit anderen Augen, indem er es aufwertet und verallgemeinert. Er erkennt, dass in dem alltäglichen Flüchtlingsgerede Spuren existenzieller menschlicher Erfahrungen stecken, an denen er teilhat und die ihn verändern und seine Persönlichkeit erweitern: „Ich fühlte mich uralt, jahrtausendealt, weil ich alles schon einmal erlebt hatte, und ich fühlte mich blutjung, begierig auf alles, was jetzt noch kam, ich fühlte mich unsterblich." (S. 96)

Stimmungsumschwung und alternative Deutung

Der Blick auf die Transitäre, die Flüchtlinge, ändert sich

Ekel vor immer gleicher Geschwätzigkeit der Flüchtlinge (vgl. S. 95)	⇨	Anerkennung u. Bewunderung des Geredes durch positive Verallgemeinerung (vgl. S. 95 f.)

Rückfall in Selbstmitleid

Doch die Veränderung ist nur von kurzer Dauer, schnell verfällt der Erzähler wieder in Selbstmitleid: „Mich jammerten meine siebenundzwanzig vertanen, in fremde Länder verschütteten Jahre." (S. 96) Dann fällt dem Erzähler eine junge Frau, die das Café betritt, ins Auge. Er ist sofort fasziniert von ihrer Schönheit und Anmut, die diese trotz ihrer offenbar verzweifelten Suche nach einer vermissten Person auszeichnen. Das weckt seine Neugierde: „Wer war der Mensch, nach dem sie so verzweifelt suchte?“ (S. 97) Der jungen Frau wird der Erzähler noch einige Male begegnen, und zwischen beiden wird sich eine Liebesgeschichte entwickeln.

Begegnung mit geheimnisvoller Unbekannten

Später sucht der Erzähler erneut die Binnets auf. Dort trifft er auf den Arzt, der seinen jungen Patienten untersucht. Seine Einstellung zum Arzt wandelt sich, denn er erkennt dessen große Fähigkeiten, die „durch Wissen und Geduld“ (S. 99) vermittelt werden und sich von der eigenen „Schliche und List“ (ebd.) abheben.

Anerkennung der Fähigkeiten des Arztes und Erkennen eigener Defizite

Charakterliche Gegensätze zweier Hauptfiguren des Romans

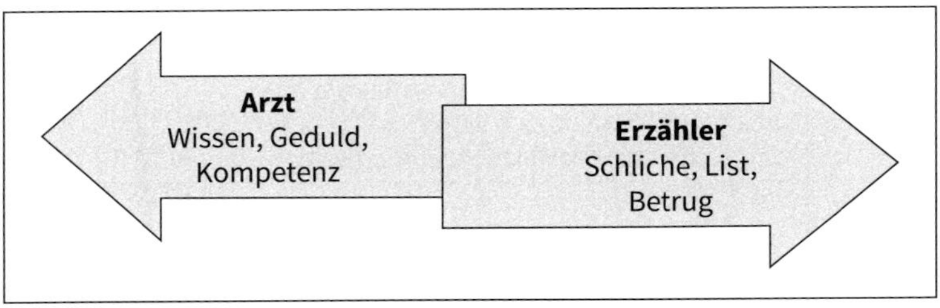

Indem er also die positiven Charaktereigenschaften des Arztes wahrnimmt, fallen ihm seine eigenen Schwächen umso mehr ins Auge. Auf diese bittere Erkenntnis reagiert er mit einer „verrückte[n] Eifersucht“ (S. 99) auf den Arzt und unterbricht ihn „grob“ (ebd.). In einem Gespräch mit seiner alten Freundin Nadine und einer Unterhaltung mit einem unbekannten Soldaten wird deutlich, dass der Erzähler nicht weiß, wie es mit ihm weitergehen soll. Seine Ziel- und Planlosigkeit entpuppen sich als schwere Belastung. Wer wie der Erzähler nicht weiß, wo er hingehört, leidet unter einem Identitätsverlust. Er ist sich seiner selbst nicht mehr sicher. Der Erzähler schwankt zwischen dem Wunsch, abzufahren, und der Sehnsucht nach Heimat und

Identitätsverlust

Geborgenheit: „Ich aber, ich hatte nichts, woran ich mich halten konnte.“ (S. 103) Der Verlust der eigenen Identität ist eines der Hauptthemen des Romans. Für den Erzähler ist – wie für die anderen Transitäre auch – das Leben perspektivlos. Er hängt zwischen zwei Welten, kann nirgendwo ankommen, gehört nirgends richtig dazu, hat keine Heimat mehr. Darin ähnelt die Figur von ihrer Anlage her der mythischen Gestalt des Odysseus.[1] Hier finden sich auch Parallelen zum Leben und Werk der Autorin Anna Seghers, die ihre eigenen Erfahrungen von Flucht und Emigration im Roman „Transit“ verarbeitet.

Der Identitätsverlust des Erzählers als Hauptthema des Romans

- Er ist heimatlos und hängt zwischen zwei Welten.
- Er hat kein Ziel, für das es sich anzustrengen lohnt.
- Er lügt, betrügt und verhält sich listig.
- Er bekommt seine eigene Schwäche vorgeführt.

Erholung und neuer Lebensmut durch Gottesdienst

Es ist kein Wunder, dass er nun sein Hauptaugenmerk darauf richtet, sich abzulenken und der unbekannten und geheimnisvollen Schönen wiederzubegegnen, und dass er daher wiederholt und voller Hoffnung dieselben Cafés aufsucht. Ein zufälliger Gottesdienstbesuch in einer Kirche gibt ihm Hinweise darauf, wie er seine Lebenssituation einschätzen sollte, denn der schimpfende Priester prangert die Feigheit, Verlogenheit und Todesangst der Gemeinde an (vgl. S. 106). Der Erzähler zeigt sich danach verändert: „Ich wollte nicht auf dem Meeresgrund leben bleiben, ich wollte dort oben zugrunde gehen mit meinesgleichen.“ (S. 107) Er ist nicht bereit aufzugeben, will die Gemeinschaft suchen und zeigt neue Widerstandskraft.

---

[1] Vgl. Kapitel „Hintergründe“, S. 111 ff.

Während eines Ausflugs mit dem Sohn Claudine Binnets („Ich liebte ihn sehr", S. 108) fällt dem Erzähler die „Schlange vor dem mexikanischen Konsulat" (ebd.) auf, das er sofort aufsucht. Dort informiert ihn der misstrauische Kanzler[1] darüber, dass die für seine Ausreise nötige Identitätsbescheinigung angekommen sei. Da der Erzähler – Seidler – aber fast ein Franzose sei, zeige sich nun ein neues Problem: „Sie werden bei der Erlangung des Visa de sortie auf ganz erhebliche Schwierigkeiten stoßen." (S. 110) So sei unklar, ob die Passage bereits bezahlt sei. Und da es „kein direktes Schiff nach Mexiko" gebe, benötige er auch noch ein Transit (S. 111). Die neuen Probleme bereiten dem Erzähler aber kein Kopfzerbrechen, da er aktuell gar nicht vorhat, Marseille zu verlassen: „Man wird mir glauben, dass es mir ernst ist, abzufahren, man wird mich deshalb bleiben lassen." (S. 112) Wieder verhält er sich strategisch und täuschend, er spielt sein falsches Spiel weiter.

Erneut falsches Spiel auf dem Konsulat

Im schäbigen Café Roma trifft der Erzähler nun erneut auf die geheimnisvolle Unbekannte, die immer noch verzweifelt und unermüdlich nach einer vermissten Person sucht. Der Erzähler folgt der jungen Frau auf ihrem hektischen Gang durch das Gewirr der Gassen der Hafenstadt, gibt sich ihr jedoch nicht zu erkennen. Doch die Suche hinterlässt ihre Spuren, denn der Erzähler fühlt auf einmal den „Wunsch, abzufahren" (S. 116), ein für ihn völlig neues und überraschendes Gefühl. Offensichtlich hat das Erscheinen der Frau zu einem spontanen Wandel seiner Gefühlswelt geführt.

Gefühlswandel des Erzählers

Fünftes Kapitel (S. 120 – 151)

Wenn er sich nicht in Konsulaten auf der Suche nach der Verlängerung seines Aufenthaltes herumtreibt, verbringt

[1] Ein Kanzler im diplomatischen Dienst leitet die Verwaltung einer Auslandsvertretung.

der Erzähler den Großteil seiner Zeit in schäbigen, billigen Cafés, in denen er den Strom der Flüchtlinge beobachtet und häufig pauschal negativ kommentiert. Sarkastisch wertet er sie als „Mitmäuse" (S. 127) ab. Dabei scheint es seine größte Angst zu sein, selbst zu dem Strom der Flüchtlinge gehören zu müssen, die Marseille nur als Durchgangsort begreifen. Nach einem kurzen Wiedersehen mit Paul Strobel, der ihn unbescheiden an seinen vehementen Einsatz für den Dichter Weidel erinnert, sucht der Erzähler in der Folge weitere Cafés auf, in denen er alte Bekannte wiedertrifft, wie zum Beispiel den fiebernden und offensichtlich erkrankten Kapellmeister, dessen körperlicher Zustand sich zusehends verschlechtert (vgl. S. 124). Der Kampf des Erzählers gegen „Kälte und Langeweile" (S. 127) nimmt ein vorläufiges Ende, als er zufällig wieder die ihn faszinierende Frau trifft, die offenbar weiter auf der Suche nach einer unbekannten Person ist. Obwohl er sie heimlich verfolgt und es zu einem Blickkontakt zwischen beiden kommt, nähern sich beide Figuren nicht an. Bei den Binnets trifft der Erzähler auf den Arzt, der von seinen eigenen Problemen berichtet, an das „spanische Transit" (S. 132) zu gelangen, weil es offenbar einen namensgleichen Doppelgänger gibt, dessen Existenz bei den Behörden zu Unsicherheit führt. Um seine Angst vor dem Alleinsein zu bekämpfen, sucht der Erzähler im Anschluss gemeinsam mit dem Arzt eine Pizzeria auf. Plötzlich taucht die geheimnisvolle Frau auf, die der Erzähler seit Tagen auf ihrer verzweifelten Suche heimlich beobachtet, und sie setzt sich an ihren Tisch. Es stellt sich heraus, dass Marie – so ihr Name – zur großen Enttäuschung des Erzählers die Partnerin des Arztes ist. Daher fasst er den egoistischen Entschluss, seinen Konkurrenten um die begehrte Frau auszustechen, denn dem Erzähler wird „klar, dass ich den Mann von dem Tisch wegräumen musste, aus der Pizzeria weg, aus der Stadt, über das Meer, möglichst rasch und weit" (S. 136). Der perfide

Sarkasmus des Erzählers

Die Unbekannte – Marie – entpuppt sich als Partnerin des Arztes

Plan des Erzählers besteht darin, dem Arzt zur Abreise aus Marseille zu verhelfen und gleichzeitig dafür zu sorgen, dass Marie bei ihm in der Stadt bleibt. Mit den drei Figuren Erzähler, Marie und Arzt, ist die zentrale Figurenkonstellation des Romans nun vollständig:

Figurenkonstellation: Zwei Männer kämpfen um eine Frau

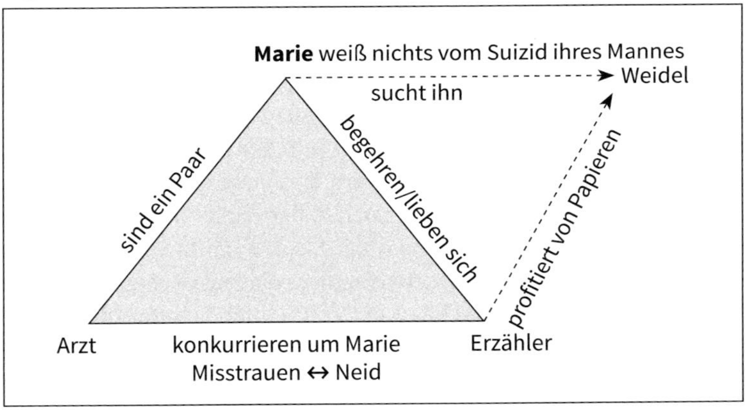

Anna Seghers selbst hat diese klassische Dreier-Konstellation ihres Romans selbst noch um eine weitere Figur erweitert, um damit deutlich zu machen, dass der Text grundlegende allgemein-menschliche Probleme und Beziehungen darstellen soll: „Was mit dieser Frau und ihren zwei Freunden und ihrem toten Geliebten passiert, das gleicht der Handlung von ‚*Andromache*‘[1]: Zwei Männer kämpfen um eine Frau, aber die Frau liebt in Wirklichkeit einen dritten Mann, der schon tot ist.“[2]

Parallelen zum Andromache-Mythos

Es schließt sich der erneute Besuch einer Behörde an: Dieses Mal sucht der Erzähler das amerikanische Konsulat auf,

Besuch des amerikanischen Konsulats

[1] fünfaktige Tragödie des französischen Dichters Racine (1639–1699)

[2] Anna Seghers: Über Kunstwerk und Wirklichkeit. Band IV. Berlin: Akademie Verlag, 1970–1979, S. 160

um ein Transit zu erhalten. Im Gespräch mit dem strengen, kritisch nachfragenden Kanzler erfährt er, dass ihm das benötigte Dokument unter Umständen verweigert werden müsse, da er vor längerer Zeit einen kritischen Artikel über die „Massenerschießungen von Roten in der Arena von Badajos" (S. 143) veröffentlicht habe und ihn dies in den Verdacht bringe, ein Sozialist zu sein.[1] Der Erzähler nennt Paul Strobel als Bürgen dafür, dass diese Annahme falsch sei. Nach seinem „Verhör" (S. 144) zieht es ihn weiter ins nächste Café. Dort trifft er ein letztes Mal auf den Kapellmeister, eine Randfigur, der er im Verlauf der Handlung einige Male für kurze Zeit begegnet ist. Sein ganzes Leben hat der Kapellmeister auf den Erwerb der für seine Ausreise nötigen Papiere ausgerichtet, doch in dem Moment, in welchem er das „Visum bekommen" (S. 145) hat, stirbt er. Mit der Figur des Kapellmeisters hat Seghers ein klassisches Dekadenz-Motiv (Verfalls-Motiv) in ihren Roman eingewebt. Ähnlich wie in Thomas Manns (1875–1955) Erzählung „Der Tod in Venedig" verfällt die Figur des Kapellmeisters körperlich und geht am Ende zugrunde. Dieser Verfall bleibt dem Erzähler nicht verborgen. Er deutet das Motiv als Warnung für sich selbst und erkennt, dass sich die alleinige Ausrichtung auf die Emigration nicht lohnt. So fühlt er sich in seiner Überzeugung, in Marseille zu bleiben, bestätigt.

Kapellmeister: Motiv des Verfalls als Warnung für den Erzähler

Später, im Café Saint-Ferreol, trifft er erneut auf Marie, die ihm erzählt, dass sie auf der Suche nach ihrem Mann sei, den sie zuletzt in Paris gesehen habe: „Wir wurden getrennt, als die Deutschen kamen. Er blieb dort hängen." (S. 149) Dem Erzähler wird schlagartig klar, dass es sich bei dem Ehemann Maries um den verstorbenen Dichter Weidel handeln muss, für den er sich selbst in Marseille ausgibt. Und die Spuren, die er selbst in Marseille auf den Konsula-

Einsicht des Erzählers in die Zusammenhänge: Marie ist Weidels Ehefrau

[1] Gemeint sind Kriegsverbrechen der Truppen des Diktators Franco im Spanischen Bürgerkrieg im August 1936.

ten ausgelegt hat, indem er sich als Weidel ausgegeben hat, liest Marie jetzt verständlicherweise falsch. Doch er klärt den Zusammenhang nicht auf, sondern sieht darin eine Fügung, die er für seine eigenen Zwecke zu nutzen gedenkt. „Ich versuchte, meine Traurigkeit zu bezwingen, das Vorgefühl eines Unglücks." (S. 150) Stattdessen schiebt er die Aufgabe, Marie zu informieren, in die nähere Zukunft: „Ich würde, einmal mit ihr allein, schon alles in Ordnung bringen. Ich musste zuerst den zweiten Mann, den Arzt, rasch und weit wegschicken." (Ebd.) Anstatt der Frau, die er begehrt und die sichtbar unter dem Verlust ihres Mannes leidet, offen und ehrlich die Wahrheit zu sagen, spielt er sein falsches Spiel weiter.

Erzähler lässt Marie im Unklaren über den Tod ihres Mannes

Kapitel 6 (S. 152 – 185)

Wiedersehen mit dem Mentor Heinz

Vor dem mexikanischen Konsulat trifft der Erzähler zufällig auf Heinz, der ihn „ziemlich kalt" (S. 153) begrüßt, da der Erzähler nach ihrem letzten Treffen eine Verabredung hat platzen lassen. Dieser hat daher zurecht ein schlechtes Gewissen. Deshalb reagiert er besorgt, als er erfährt, dass die Emigration von Heinz daran zu scheitern droht, dass er durch Spanien fahren müsste (ebd.). Heinz selbst scheint dagegen von den sich abzeichnenden Transit-Problemen wenig eingeschüchtert zu sein. Das beeindruckt den Erzähler, dessen Freude über das Wiedersehen überwiegt, auch weil er die besondere Stärke und Kraft dieses außergewöhnlichen Menschen reflektiert, die darin besteht, dass er immer auf die solidarische Hilfe seiner Umgebung setzt und „davon überzeugt [ist], dass er nie allein war, wo er auch war" (S. 154). Wieder sieht er in Heinz mit dessen Glauben an die Solidarität der Menschen ein Vorbild, der Widerstandskämpfer wird zu einer Art Mentor für den Erzähler.

Im Anschluss versucht der Erzähler, mithilfe eines Tricks Marie vom zur Abfahrt entschlossenen Arzt zu entfremden.

Erneuter Täuschungsversuch auf dem Konsulat

Er bittet den Kanzler des mexikanischen Konsulats, seine „Frau“ – Marie – auf dem Visum nachtragen zu lassen. Dem Kanzler kommen Zweifel, er mustert den Antragsteller „mit neuer List“ (S. 154). Doch der Erzähler begegnet den Fallen des Beamten souverän und er fühlt sich daher vom Erfolg seiner Lüge „von neuem bestärkt in [s]einer eigenen List“ (S. 155).

Zweifel über seine Strategie wachsen

Dennoch fällt auf, dass es dem Erzähler sowohl gegenüber dem Kanzler als auch gegenüber Heinz zusehends schwerfällt, sein falsches Spiel unter dem Namen des verstorbenen Schriftstellers Weidel aufrechtzuerhalten. Seine „List“ und „Undurchschaubarkeit“ (S. 155) sind für ihn immer weniger ein Grund für Zufriedenheit oder gar Stolz, der Erzähler bemerkt einen gewissen Abnutzungseffekt und ist daher mit sich und seinem Verhalten nicht mehr im Reinen. Er begreift im Gespräch mit Heinz, dass seine unsichere Existenzform, sein Spiel mit unterschiedlichen Identitäten, nicht von Dauer sein kann: „Wenn ich bei dir sitze und du hast etwas Festes in dir und vor dir, etwas Festes, das nie in die Brüche geht, auch wenn du selbst in die Brüche gehst, Heinz [...], kommt es mir vor, ich hätte dann auch daran teil.“ (S. 159) Weil er merkt, dass er selbst „ganz leer“ (S. 158) ist, fängt er an, sein bisheriges Verhalten zu hinterfragen und zu ändern. Dies ist der vorsichtige Beginn eines – wie sich noch zeigen wird – insgesamt positiven Entwicklungsprozesses.

Beginn einer positiven Entwicklung

Daher bietet er Heinz aus Schamgefühl die Schiffspassage nach Oran an, die er allerdings schon seinem Konkurrenten um Marie, dem Arzt, versprochen hat. Auch gegenüber Claudine, der er später begegnet, erkennt der Erzähler seine eigene Unvollkommenheit, als diese sich besorgt nach seinem Befinden erkundigt: „Du bist nicht mehr der Mensch, der du warst, als du zum ersten Mal zu mir kamst.“ (S. 162) Als er im Hause der Binnets das Gefühl hat, „in ein Heim geraten zu sein“ (S. 163), stellt sich der ertappte und gleichzeitig von der Sorge um sein Wohlergehen gerührte Erzähler selbst die kritische Frage: „Wie kam es nur, dass sich um solche Georgs immer vier Wände stellten, während für mich nie etwas seine Folgen hatte, weder glückliche noch schmerzliche? Ich blieb letzten Endes immer allein zurück, unbeschädigt zwar, aber dafür auch allein." (S. 163 f.) Er gibt Claudine das Versprechen, im Gegensatz zu allen anderen Flüchtlingen nicht zu emigrieren, sondern zu bleiben. Trauer um den Verlust von Heimat und Familie als Folge des Kriegs und der Flucht sind ein wesentlicher Charakterzug des Erzählers.

Trauer um Verlust von Heimat und Familie

In der Mitte der Erzählung

... kommt der Protagonist ins Nachdenken über sein Handeln.
... zweifelt er an der Richtigkeit seiner Strategie.
... bemerkt der Erzähler seinen Verlust und seine eigene Leere.
... betrauert er seine Heimatlosigkeit.
... empfindet er Scham gegenüber den getäuschten Mitmenschen.

Wiedersehen mit Strobel und Achselroth

Zufällig trifft er im Café Rotonde auf seine alten Lagerkumpanen Paul Strobel und Hermann Achselroth, deren Schiff nach Kuba die Erlaubnis zum Anlegen verweigert wurde und die sich deshalb wieder in Marseille aufhalten. Für kurze Zeit muss der Erzähler im Verlauf der unangenehmen Begegnung mit den beiden überheblichen und von sich selbst eingenommenen Männern befürchten, dass sein falsches Spiel mit der Identität Weidels aufgedeckt wird, da Achselroth behauptet, Weidel gerade erst im Café Mont Vertoux getroffen zu haben (vgl. S. 167 f.), was für den Erzähler nur als offensichtliche Lüge gedeutet werden kann, da er ja als Einziger um den Suizid des Schriftstellers in Paris weiß. Achselroth begründet zudem, warum sie bei ihrer Reise ins Exil „auf Weidel verzichten" (S. 169) mussten; dieser sei tatsächlich der Autor eines kritischen Textes über

Gräuelgeschichten im Spanischen Bürgerkrieg, was ihn beinahe das amerikanische Transit gekostet habe.

Häufige und regelmäßige Begegnungen mit Marie

Immer häufiger begegnet der Erzähler nun Marie, die weiter auf der Suche nach ihrem verschollenen Mann, den sie noch lebendig glaubt, durch die Cafés und Geschäfte der Hafenstadt streift. Er versucht, sie von der weiteren Suche nach ihrem Mann abzubringen: „Man wird sich weiter gedulden müssen. Man wird noch weiter zu dritt hier auskommen müssen." (S. 175) Sein Werben um die verzweifelte Frau hat auch langsam kleine Erfolge. So gewinnt er den Eindruck, dass Marie „jetzt mich, nicht den Toten" (S. 176) sucht, was sich in kleinen, ihm zugewandten Gesten zeigt (ebd.). Diese Hoffnung verändert ihn. Der bisher ausschließlich egoistische junge Mann fängt an, sich wirklich für einen anderen Menschen zu interessieren. In einem intimen Moment fragt er Marie: „Woher bist du eigentlich?" (S. 177) Diese berichtet ihm von ihrer Jugend in Deutschland und wie sie mit dem deutlich älteren Weidel nach einer Begegnung in Köln zusammengekommen ist. Sie begründet, warum sie mit einem deutlich älteren und eher unattraktiven Mann wie Weidel eine Beziehung eingegangen ist: „Er zeigte mir alles. Er lehrte mich alles." (S. 179) Zugleich macht Marie dem Erzähler deutlich, dass sie die Hoffnung auf eine Rückkehr in ihre alte Heimat, Limburg an der Lahn, trotz ihrer Ausreisebemühungen nach Übersee nicht aufzugeben bereit ist: „ Der Mensch ist kein Blatt. Er kann hin, wohin er will. Er kann auch zurück." (S. 178)

Erste Erfolge beim Werben um Marie

Marie öffnet sich und erzählt ihre Biografie

Am Ende des Kapitels finden Marie, der Erzähler und der Arzt in einer Pizzeria zusammen. Letzterer wirkt auf seinen Konkurrenten ein, er solle seine Bemühungen, Marie bei der Beschaffung ihrer Ausreisepapiere zu helfen, intensivieren, denn die deutsche Wehrmacht nähere sich Marseille und bedrohe ihr Leben. Der Arzt hat den Plan des Erzählers, Marie von ihm zu entfremden und für sich zu gewinnen, offenbar durchschaut. Und er ist nicht bereit, die

Kampf des Arztes um Marie

Der Arzt, der Erzähler und Marie in Christian Petzolds Film „Transit" (2018)

Frau einfach so aufzugeben: „Lassen Sie bitte jetzt ruhig Mariens Arm los [...]." (S. 183)

Das Treffen zu dritt macht auf den Erzähler einen derart starken Eindruck, dass er bei seinem nächsten Zusammenkommen mit Marie überlegt, ihr sämtliche Zusammenhänge zu erläutern und das falsche Strategiespiel zu beenden: „Auf einmal spürte ich, dass ich ihr alles sagen müsse, die ganze Wahrheit, komme, was da wolle, für sie und auch für mich." (S. 184) Ein Gedanke, der seinen insgesamt positiven Entwicklungsprozess verdeutlicht, den er aber (noch) nicht in die Tat umsetzt. Vielmehr plant er, den Arzt ohne Marie abfahren zu lassen und sich um Maries Glück zu bemühen: „Ich hörte nicht auf, zu erzählen, damit das Lächeln nicht aus ihrem Gesicht verschwinde und jener Ausdruck von finsterer Trauer in ihren Zügen zurückkehre, den ich am meisten fürchtete."(S. 185)

Nicht realisierter Wunsch, Marie die Wahrheit zu erzählen

Kapitel 7 (S. 186–211)

In Binnets Wohnung trifft der Erzähler erneut auf den Arzt. Dieser bittet ihn inständig darum, alles für Maries schnelle Abreise zu tun: „Helfen Sie ihr bei der Transitbeschaffung [...]." (S. 186) Außerdem versucht er, dem Erzähler die Hoffnung auf ein Bleiben Maries zu nehmen. An das ernüchternde Gespräch schließt sich ein weiterer Tiefschlag an,

Enttäuschung des Jungen

denn der anhängliche Junge der Binnets, für den der Erzähler zu einer Art Ersatzvater geworden ist, ist an die Information gelangt, dieser werde Marseille verlassen und nach Übersee emigrieren. Dies empfindet der verletzte Junge als Verrat: „Geht alle zum Teufel!“ (S. 187) Der Erzähler kann seinen liebgewonnenen Freund auch nicht einfach darüber aufklären, dass er gar nicht vorhabe, nach Mexiko auszuwandern, weil dann seine Tarnung gegenüber den anderen Transitären auffliegen würde. Vom Arzt verhöhnt, vom Jungen attackiert, empfindet der Erzähler am Ende vor allem Eifersucht auf Georg Binnet und seine Familie, „auf seine Unverstricktheit, auf sein Daheimsein“ (S. 188).

Vor der Abfahrt des Arztes, der sich entschlossen hat, zur Not auch ohne Marie die lange Schiffsreise anzutreten, treffen sich dieser, Marie und der Erzähler ein letztes Mal auf ein Glas Wein. Der gemeinsame Abend verläuft weitaus besser, als es sich der Erzähler vorgestellt hat. Er nimmt wahr, dass es zwischen dem Arzt und Marie zu Verstimmungen gekommen ist, sodass dieser mit seiner Freundin „nicht mehr allein sein“ (S. 190) will. Diese Einschätzung

Hoffnung auf ein Leben mit Marie

verstärkt die Hoffnung des Erzählers auf ein gemeinsames Leben mit Marie. Für den Erzähler stellt diese Hoffnung eine entscheidende Wende in seinem unsteten und unsicheren Leben dar. In seiner Zeit in Marseille ist er wider Willen und entgegen seiner Absicht, gar nicht auswandern zu wollen, ebenfalls zu einem Transitär, einem Menschen ohne Vergangenheit und Zukunft, geworden. Diese Wandlung möchte er mit dem „gemeinsame[n] Leben“ (S. 192) mit Marie rückgängig machen. Er weiß von der Bedeutung dieses Wunsches: „Nie zuvor habe ich mir etwas Ähnliches gewünscht, ich Wegelagerer.“ (Ebd.) Dieser Wunsch ist Teil

Positive Entwicklung des Erzählers

seiner (positiven) Entwicklung von einem selbstverliebten, egoistischen Spieler und Trickser hin zu einem Menschen, der Familie, Liebe und Geborgenheit als wichtigste Ziele im

Leben anerkennt. Er wünscht sich „das gewöhnliche Leben herbei wie Brot und Wasser" (ebd.).
Um seinen alten Freund Heinz wiederzusehen, fährt der Erzähler in die Berge. In einem Café teilt ihm die Wirtin mit, dass Heinz „schon eine Woche fort" (S. 194) sei. Weil er die Wirtin für unglaubwürdig hält und gekränkt ist, da Heinz sich nicht von ihm verabschiedet hat, überprüft er ihre Aussage persönlich am Alten Hafen. Dort wird ihm bestätigt, dass Heinz erfolgreich emigriert sei (vgl. S. 197).

Heinz' erfolgreiche Emigration

Kontrastfiguren im Roman „Transit"

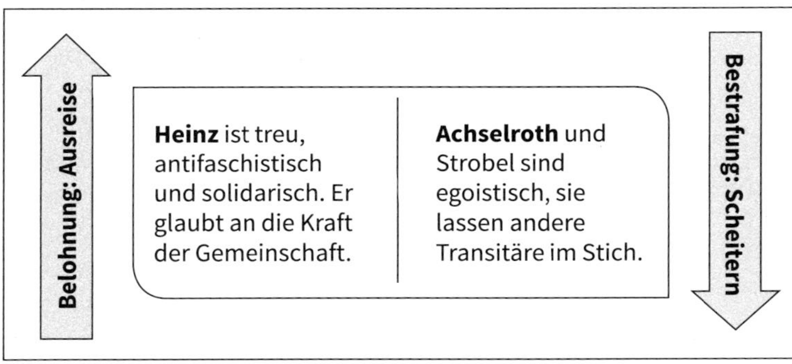

Die Tatsache, dass von allen Transitären nur Heinz die Flucht ins Exil glückt, kann dahingehend gedeutet werden, dass Seghers die Charaktereigenschaften der Treue, der Solidarität und des Antifaschismus, die Heinz verkörpert, besonders belohnen bzw. betonen wollte. Im Gegensatz zu Heinz gelingt seinen beiden Antipoden, den Imstichlassern Achselroth und Strobel, die Emigration eben nicht, da ihnen die Landung in Kuba versagt wird und sie nach Europa zurückkehren müssen, wo ihnen der Tod droht. Wegen ihrer grundsätzlichen Gegensätzlichkeit kann man Heinz und Achselroth bzw. Strobel als Kontrastfiguren bezeichnen.

Heinz und Achselroth bzw. Strobel als Kontrastfiguren

Ihre funktionale Bedeutung erhalten sie durch ihre charakteristische Unterschiedlichkeit.

Rückkehr des Arztes

Die Hoffnung des Erzählers auf ein gemeinsames Leben mit Marie wird jäh zerstört von der plötzlichen Rückkehr des tobenden Arztes, dessen Abfahrt nicht zustande gekommen ist, weil die französische Militärkommission sämtliche Kabinen für ihre Offiziere beschlagnahmt hat. Wider Erwarten zeigt sich der Arzt davon bald wenig beeindruckt und äußert die Hoffnung, bei seinem zweiten Versuch gemeinsam mit seiner Freundin abreisen zu können: „Marie wird auch ihr Visum bekommen [...].“ (S. 203) Kein Wunder, dass der Erzähler es eher schlecht gelaunt ablehnt, sich auf dem Konsulat um Maries Ausreisepapier zu kümmern (ebd.).

Besuch eines Seidenhändlers

Später erhält er Besuch von Emile Descendre, einem Seidenhändler (vgl. S. 205). Dieser hat nach eigener Aussage einige Monate zuvor Maries Brief an Weidel unter angeblich großer Gefahr nach Paris befördert. Dabei sind ihm laut eigener Aussage einige Spesen entstanden, die er nun von Weidel – also dem Erzähler, der sich für den Dichter ausgibt – zurückerhalten möchte. Der Erzähler händigt seinem Gast sämtliche Gelder aus, die er noch hat, und begleicht damit seine Schulden.

Anspielung: Suizid Walter Benjamins am 26. September 1940 aus Angst vor den Deutschen

Am Ende des Kapitels erfährt der Erzähler von einem Mann, der sich in einem „Hotel in Portbou jenseits der spanischen Grenze erschossen“ (S. 209) habe, „weil ihn die Behörde am nächsten Morgen nach Frankreich hatte zurückschaffen wollen“ (ebd.). Diese kurze Information kann als Hinweis Anna Seghers’ auf den Selbstmord ihres Freundes und Schriftstellerkollegen Walter Benjamin gedeutet werden. Nach einer beschwerlichen Flucht vor den deutschen Faschisten sollte der angesehene jüdische Denker und Literaturtheoretiker zurück nach Frankreich geschickt werden, wo die Gestapo bereits auf ihn wartete. Um seiner wahrscheinlichen Ermordung zuvorzukommen, nahm sich der

Walter Benjamin (1892 – 1940)

verzweifelte Benjamin das Leben. „Mein Leben wird ein Ende finden in einem kleinen Dorf in den Pyrenäen, wo mich niemand kennt“, schrieb er in seinem Abschiedsbrief an den deutschen Philosophen, Soziologen und Komponisten Theodor W. Adorno (1903 – 1963).[1]

Achtes Kapitel (S. 212 – 246)

Durch die gescheiterte Abfahrt des Arztes steht der Erzähler in seiner eigenen Wahrnehmung im Werben um Marie weiterhin unter Druck. Obwohl nachdenklicher geworden, ob seine bisherige Strategie die richtige ist, hält er an seiner falschen Identität fest und klärt die Zusammenhänge nicht auf: „Für mich war damals alles ein Spiel.“ (S. 212) An den Gesichtern der Menschen um ihn herum, die von „Furcht und Hoffnung“ (ebd.) gezeichnet sind, merkt er aber selbst, dass dieses Vorgehen moralisch zweifelhaft ist. Sein Blick auf die anderen Flüchtlinge ändert sich dadurch, er wird weniger hart und spöttisch, sondern gewinnt an Empathie (vgl. ebd.). Auf dem Konsulat der Vereinigten Staaten begegnet der Erzähler seiner Zimmernachbarin, die zwei Hunde ausführt. Die Geschichte, die die Frau nun zum Besten gibt, macht die ganze Absurdität der Ausreisebürokratie deutlich: Die Hunde gehören Bürgern der USA, die nicht mit ihren Besitzern in die Heimat zurückreisen durften, weil ihnen noch eine Bescheinigung fehlte. Die Frau habe nun die Aufgabe, auf eben diese Bescheinigung zu warten und die

Der Erzähler spielt sein falsches Spiel weiter

Anzeichen der Veränderung

Die Frau mit den Hunden

[1] www.deutschlandfunk.de/schriftsteller-walter-benjamin-freitod-aus-angst-vor-der.871.de.html?dram:article_id=332243 (Aufruf: 24.09.2021)

Hunde dann in die USA zu begleiten, um dadurch auch ihr eigenes Leben zu retten. Obwohl verärgert wegen dieser fehlenden Bescheinigung, bleibt der Frau nichts anderes übrig, als sich den behördlichen Auflagen zu unterwerfen. Sie verzichtet darauf, die Tiere zu „schlachten“ und „zu Gulasch“ (S. 214) zu verarbeiten. Weitere Exempel für die Unmenschlichkeit der Bürokratie nimmt der Erzähler auf einmal wesentlich mitfühlender und warmherziger wahr als zu Beginn seiner Zeit in Marseille. So soll eine Großfamilie, „lauter Kinder, Enkel, Urenkel und sonstige Anverwandte“ (S. 216), zwar ausreisen dürfen, die alterskranke Urgroßmutter jedoch auf dem „Alten Kontinent“ zurücklassen. Das kommt für die Familie aber nicht in Betracht: „Die ganze Familie aber [...] will entweder mit der Alten reisen, damit sie bei ihnen sterben kann, oder alle wollen bei ihr zurückbleiben, bis sie gestorben ist.“ (Ebd.) Diese Unmenschlichkeit erfährt auch der Erzähler selbst, der sich bei seiner eigenen konsularischen Anhörung wie bei einer „Voruntersuchung zum Jüngsten Gericht“ (S. 217) fühlt, was als ein Hinweis auf die Strenge und Hartnäckigkeit, mit der hier vorgegangen wird, verstanden werden kann. Seine Angst, durchschaut und in der Folge festgenommen zu werden, erweist sich jedoch als unbegründet, da sein alter Freund Paul Strobel ihm offenbar „das beste Zeugnis ausgestellt“ (S. 217) hat und bei dem kritischen Verhör durch den Konsul keine Fragen offenbleiben. So ausgeklügelt der Beamte auch nach möglichen Fehlern im Lebenslauf fragt, es gelingt ihm nicht, die untersuchte Biografie des Erzählers ins Wanken zu bringen: „Alle Einzelheiten stimmten. Was machte es da aus, dass das Ganze nicht stimmte.“ (S. 218) So ist am Ende sein Bemühen von Erfolg gekrönt: Der einzige Transitär Marseilles, der eigentlich gar nicht emigrieren möchte, erhält sein „Transit“ (S. 219).

Inhumanität der Ausreisebürokratie

Erzähler erhält ein Transit, das er gar nicht benötigt

Im Café Saint-Ferréol beobachtet er heimlich Marie, die offensichtlich immer noch auf der Suche nach ihrem Ehemann ist. Der Erzähler macht keine Anzeichen, das zynische Spiel zu beenden. Es scheint ihm regelrecht zu motivieren, mit der unglücklichen Frau sein Spiel zu spielen, denn er kommt nicht einmal auf die Idee, Marie vom Suizid ihres Mannes und damit von der Sinnlosigkeit ihrer Suche in Kenntnis zu setzen: „Wie leicht es mir war, sie zu täuschen [...]!“ (Ebd.) Ein dem Erzähler altbekannter Gesprächspartner, der kahle Mittransitär, erzählt ihm daraufhin die lange, von Absurditäten dominierte Geschichte seines letztlich vergeblichen Versuchs, an die nötigen Ausreisedokumente zu gelangen. Zwar besitze er mittlerweile die zentralen Ausreisedokumente, doch fehle weiterhin der Nachweis seiner Staatsangehörigkeit. Diesen könne er auch nicht erbringen, da er als Kind in Litauen geboren worden sei, das Gebiet aber mittlerweile „längst von den Deutschen besetzt“ (S. 222) sei und er auch wegen weiterer Grenzverschiebungen nicht an einen gültigen Pass komme. So entschließt er sich, nach Deutschland zurückzukehren, da dort seine Heimat sei. Den Einwand des Erzählers, dort begebe er sich in die Hände der deutschen Aggressoren in Lebensgefahr, kontert der längst desillusionierte Exilant mit dem „Märchen von dem toten Mann“ (S. 223), einer symbolhaltigen Parabel von der Sinnlosigkeit des ewigen Wartens. Der Inhalt erinnert an die sog. „Türhüter-Parabel“ von Franz Kafka (1883 – 1924), die Teil des Romans „Der Prozess“ (1925) ist.

Kahler Mittransitär

„Märchen von dem toten Mann“

Anspielung auf Kafkas Türhüter-Parabel aus dem modernen Roman „Der Prozess“ (1925)

Die kurze Geschichte des kahlen Mittransitärs handelt von einem Mann, der in der Ewigkeit auf sein Urteil Gottes wartet.

Nach hundert Jahren Wartezeit bittet er „flehentlich um sein Urteil“ (ebd.). Die Antwort ist radikal: „Auf was wartest du eigentlich? Du bist doch schon längst in der Hölle.“ (Ebd.) Der Mittransitär nimmt das Ende dieser Parabel für sich zum Anlass, dem „blödsinnige[n] Warten“ abzuschwören und stattdessen nach Hause zu gehen: „Ich will heim.“ (Ebd.) Das ewige Warten auf eine Entscheidung und die damit verbundene Hängepartie, mit der der Erzähler bis dato letztlich keine großen Probleme hatte, wird in der Geschichte also als existenzieller Fehler gedeutet.

Warten als existenzieller Fehler

Der Erzähler, der nicht aufgeben will, sucht nun das spanische Konsulat auf, um dort das zweite notwendige Transit zu erhalten. Doch anders als zuvor im amerikanischen Konsulat sind seine Bemühungen hier nicht von Erfolg gekrönt. Weil er – Weidel – der Autor eines regimekritischen Textes über Kriegsverbrechen im Spanischen Bürgerkrieg sei, wird ihm sein Ansinnen verweigert. Für den Erzähler ist die Verweigerung des Transits jedoch kein Problem, plant er in Wirklichkeit ja gar nicht die Ausreise: „Ich bedankte mich freudig, als ob er mir mein Transit gezeichnet hätte.“ (S. 226)

Kein Transit des spanischen Konsulats

Im Café Mont Vertoux trifft er auf den Fremdenlegionär, der ihm die Geschichte seines Lebens erzählt. Dabei betritt Marie den schäbigen Ort, doch sie wird seiner „nicht gewahr“ (S. 234) und der Erzähler denkt auch nicht daran, sich ihr zu erkennen zu geben. Liebevoll beobachtet er sie heimlich „still im Abendlicht“ (S. 229), während er der langen Erzählung des Fremdenlegionärs zuhört. Anders als früher ist er nicht gelangweilt und gar angeekelt von den Ausführungen seiner Mitmenschen. Geduldig hört er seinem Mitmenschen zu. Er spürt, dass das Erzählen der eigenen Lebensgeschichte für den Fremdenlegionär von fundamentaler Bedeutung ist, um mit dem Vergangenen abschließen zu können: „Denn abgeschlossen ist, was erzählt wird. Erst dann hat er diese Wüste für immer durchquert, wenn er seine Fahrt erzählt hat.“ (S. 230 f.)

Erzählen und Zuhören als zentrale menschliche Bedürfnisse

In seinem Hotel gelingt es dem Erzähler, sich einer Polizeirazzia zu entziehen und den sachlich zutreffenden Verdacht, verbotenerweise „in der Stadt bleiben" (S. 234) statt emigrieren zu wollen, aus dem Weg zu räumen. Der zuständige strenge Beamte erinnert den Erzähler in abstruser Logik daran, dass die Stadt „nicht zum Wohnen da" sei, „sondern zum Abfahren" (S. 235). Der Zimmernachbar des Erzählers nimmt diesen im Anschluss mit auf das brasilianische Konsulat, da sich das Gerücht hält, dass bald ein brasilianischer Dampfer losfahre, und der Erzähler hofft, das Schiff gemeinsam mit Marie nutzen zu können. Er hat den Eindruck, sie habe angefangen, am Sinn ihrer Suche nach Weidel zu zweifeln, was ihm zupasskommt. Später begegnet ihm auf der Straße der Arzt. Aufgeregt berichtet er seinem Konkurrenten, dass Marie nicht mit ihm abfahren wolle, bevor sie sich nicht bei dem Erzähler verabschiedet habe, da sie ihn für „den treuesten Freund, den sie je besessen hat", halte (S. 237). Während des (vergeblichen) Versuchs, ein Schiffsticket zu erhalten, begegnet er erneut Marie, die ihn um „Rat und Hilfe" (S. 239) bittet. Zwar hat der Erzähler „keine Zeit" (ebd.), doch bemerkt er plötzlich, dass Marie ihm auf einmal „unendliches Vertrauen" (S. 240) schenkt. So ändert er seine Meinung und hört Marie zu, die ihm die lange Geschichte ihrer Beziehung zu Weidel erzählt. Das Zuhören wird für den Erzähler unerträglich, muss er doch bemerken, dass Marie ihre Suche nach ihrem Mann niemals aufgeben wird: „Solange ich suche, weiß ich, ich kann ihn noch finden." (S. 245) Der Erzähler ist nun kurz davor, Marie die ganze Wahrheit über den Tod ihres Mannes mitzuteilen, doch er verliert sich in Andeutungen und ringt sich nicht durch, offen und klar zu reden: „Du musst mir glauben, er ist zu weit fort, um ihn jemals zu finden. Er ist unerreichbar geworden." (S. 244) Doch Marie bleibt stur und plant, Marseille zu verlassen, da sie davon ausgeht, dass sich ihr Mann bereits ins Ausland abgesetzt hat. Am

Polizeirazzia

Brasilianisches Konsulat: Hoffnung auf gemeinsame Abreise mit Marie

Marie schenkt dem Erzähler Vertrauen

Erkenntnis: Marie wird Suche nie aufgeben

Desillusionierung des Erzählers

Ende des Gesprächs gesellt sich der Arzt zu den beiden. Obwohl sowohl von dessen Erscheinen als auch von Maries Plänen desillusioniert, erklärt sich der Erzähler bereit, Marie bei ihren Bemühungen zu helfen (vgl. S. 246).

Neuntes Kapitel (S. 247 – 273)

Da der Erzähler in seinem letzten Aufeinandertreffen mit Marie bemerkt hat, dass sie „sich jetzt auf keine Verschiebung mehr einlassen“ (S. 247) würde, fühlt er sich nun – entgegen seiner ursprünglichen Absicht – dazu verpflichtet, ihr bei der Ausreise an der Seite des Arztes beizustehen und die notwendigen Papiere zu besorgen. Seine Liebe zu Marie macht ihn zum Opfer fähig: „Sie musste abfahren. Ich musste ihr Schiff erreichen. Ich musste die Erde verlassen, die mir lieb war, mich jenen Schattenschwärmen anschließen, als sei ich einer von ihresgleichen, nur um Marie einzuholen. Wie hatte sie mich nur dazu gebracht, das zu betreiben, was ich am meisten fürchtete?“ (S. 254)

Wider Willen fühlt sich der Erzähler verpflichtet, Marie zu unterstützen

Und so bittet er seinen alten Lagerkumpanen Paul Strobel darum, für die Frau ein Wort an verantwortlicher Stelle einzulegen: „Zunächst aber braucht seine [Weidels] Frau ein Transit. Du bist der Freund des Konsuls.“ (S. 250) Strobel selbst hält seinen eigenen Einfluss für gering, nennt dem Erzähler aber den Namen eines Menschen, dessen Einfluss auf den Konsul nicht unterschätzt werden dürfe. Der Erzähler sucht diesen amerikanischen Professor mit Namen Whitaker im Hotel Splendide sofort auf, wo er sich erfolgreich bemüht, nicht von Regierungsvertretern und Offizieren der Nationalsozialisten, die mittlerweile auch Marseille bevölkern, erkannt zu werden. Auch gegenüber dem Professor spielt der Erzähler seine Rolle als der Schriftsteller Weidel weiter. Und dessen kritischen Fragen zum Trotz gelingt es ihm am Ende, den Amerikaner für die Belange Maries zu gewinnen. Auf die höflich-interessierte Frage seines Gesprächspartners, worüber er – Weidel – selbst in Zukunft

Hilfe durch Professor Whitaker

schreiben wolle, gibt der Erzähler eine überraschende Antwort: „Ich werde versuchen, ein Handwerk auszuüben." (S. 256) Als Schüler sei er von seinen Lehrern zum Verfassen von Klassenaufsätzen mit den Titeln „Unser Schulausflug" oder „Wie ich die Ferien verbrachte" (ebd.) gezwungen worden, wobei ihn das literarische Interesse an der Verwertung von Erfahrungen schon damals abgestoßen habe. Daher wolle er als Flüchtling in Kriegszeiten die „furchtbarsten und die seltsamsten Strecken unseres Lebens" (ebd.) nicht nur deshalb durchleben, um danach über diese zu schreiben.

Marie erhält ein Transit

Ein weiteres Mal trifft der Erzähler auf Marie. „Sie hatte das Transit in der Hand." (S. 265) Die junge Frau weiß, dass sie diesen Erfolg den Bemühungen des Erzählers zu verdanken hat, und sie bedankt sich für sein „Zaubern" (ebd.). In Gedanken ist Marie schon in ihrem Exil. Sie denkt über ihr zukünftiges Verhältnis zum Erzähler nach und wünscht sich „einen neuen Anfang" (S. 266). Doch der Erzähler bemerkt, dass Marie immer noch voller Hoffnung ist, in ihrer neuen Heimat auf ihren verschollenen Ehemann zu treffen: „Wird er mich erwarten?" (Ebd.) Mitten in diesem tiefgründigen Gespräch tauchen urplötzlich Achselroth und Paul Strobel mit Anhang im Café auf. Mit großer Mühe gelingt es dem Erzähler, den Ort schnellstmöglich zu verlassen und so einer Enttarnung zu entgehen.

Angst vor Enttarnung durch Achselroth und Strobel: Flucht

Marie informiert den Erzähler darüber, dass sie zwar das amerikanische Transit erhalten hätten, sie ihr Ausreisevisum jedoch nur erhalte, wenn ihr Ehemann das seine schon bekommen habe. Und so muss sich der Erzähler entgegen seiner eigenen Überzeugung Marie zuliebe ein weiteres Mal um das letzte noch fehlende Dokument bemühen, damit seine große Liebe das Land verlassen kann, ohne dass sein Identitätsschwindel auffliegt. Sein Plan ist es, eine ihm bekannte Mitarbeiterin auf der Präfektur namens Rosalie dafür zu gewinnen, zumal es sich bei der Beamtin um eine Freundin Nadines handelt. Der Erzähler stöbert „Rosalie beim Essen auf" (S. 268), dabei beschreibt er das Äußere der Frau abwertend (vgl. ebd.). Unverblümt bietet er ihr Geld für die verlangte Dienstleistung an: „Sie sehen ja, meine Papiere sind so weit in Ordnung, ich habe mein Visum, mein Transit. Ich brauche bis morgen mein Visa de sortie. Ich will Sie auch gerne für Ihre Mühe entschädigen." (S. 269) Der Erzähler ist überrascht, dass Rosalie seinen offensichtlichen Bestechungsversuch von sich weist und sich stattdessen nach den Gründen für seine Flucht vor den Deutschen informiert: „Was haben die Deutschen gegen Sie?" (S. 270) Der Erzähler erzählt nun – zum ersten Mal seit langer Zeit – seine wahre Geschichte, er berichtet von seiner Flucht aus einem Konzentrationslager und der lebensgefährlichen Überquerung des Rheins. Rosalie lässt sich von den Worten des Erzählers überzeugen: „Ich will sehen, was sich machen lässt." (Ebd.) Diese humane Entscheidung löst beim Erzähler tiefe Scham aus: „Zum ersten Mal half mir hier jemand, weil ich der war, der ich war, und doch traf diese Hilfe den Falschen." (Ebd.) Die Bedeutung der Randfigur Rosalie darf nicht gering geschätzt werden. Ihre für den Erzähler einzigartige und überraschende Qualität besteht in ihrer Fähigkeit, sich für das Schicksal und die Biografie ihres Gegenübers wirklich zu interessieren: „Ich wunderte mich. Niemand in den letzten Jahren hatte sich mehr meine alte, längst überholte, längst übertroffene Geschichte anhören wollen. Nur diese Frau, die doch von Amts wegen täglich hunderte solcher Geschichten hörte, horchte noch immer mit Aufmerksamkeit, mit einer Art Ehrerbietung." (Ebd.) Die Beamtin kann als uneingeschränkt positives Beispiel für den hilfsbereiten Menschen gesehen werden, Marie charakterisiert sie als Person, „um derentwillen ein ganzes Volk gerettet wird" (S. 287).

Präfekturbeamtin Rosalie zeigt sich menschlich und interessiert

Verwunderung des Erzählers über Humanität Rosalies

Die zwei Seiten der Bürokratie: Zwischen Menschlichkeit und Behördenwillkür

+	–
Die Angestellte der Präfektur **Rosalie** ist unbestechlich, zeigt echtes Interesse an ihren Klienten, fragt nach, reagiert menschlich und entscheidet am Ende unbürokratisch (vgl. S. 269 f.).	Die **anderen Konsulatsbeamten** verhören die Flüchtlinge streng wie das „Jüngste Gericht" (S. 217), unbarmherzig und genau. Als Teil einer absurden Ausreisebürokratie fördern sie „List und Gemeinheit" (S. 279).

Darin unterscheidet sie sich fundamental von anderen Beamten in den Behörden und Konsulaten, deren Gespräche mit den Flüchtlingen streng nach Protokoll wie eine Art Verhör strukturiert sind.

Marie steht kurz vor ihrer Abreise: Unruhe beim Erzähler

Maries Abreise steht nun unmittelbar bevor, was den Erzähler in Unruhe versetzt. Er muss nun gegen seine eigene Überzeugung alles dafür tun, selbst an ein Schiffsticket zu gelangen. Dieses Ziel rückt in weite Ferne, als er im amerikanischen Reisebüro durch einen Korsen darüber informiert wird, dass sein (Weidels) Reisegeld, das er für die Begleichung des Schiffstickets benötigt, ihm nicht rechtzeitig zur Verfügung stehen wird. Als der Reisebüroangestellte die Enttäuschung des Erzählers hierüber bemerkt, versucht er, das Problem zu beschönigen: „Das ist doch kein Schiff für Sie. Ein schlechtes abscheuliches Schiff. Es wird Sie nie dahin bringen, wohin Sie wollen." (S. 273) Eine hellsichtige Vorausdeutung, denn die Leserin bzw. der Leser wissen zu diesem Zeitpunkt aufgrund der Informationen des Romananfangs vom Untergang der „Montreal" (vgl. S. 5).

Vorausdeutung

Kapitel 10 (S. 274 – 300)

In der Rue de la République trifft der Erzähler am Schalter der Schifffahrtsgesellschaft auf den kahlen Mittransitär,

Erzähler erhält Ticket …

der diesem überraschenderweise sein Billet abtritt. Den Einwand des Erzählers, er könne das Billet nicht bezahlen, lässt der Unbekannte nicht gelten, schließlich werde er auch abfahren, „aber in anderer Richtung“ (S. 277). Der Erzähler könne ja einen Teil seines in Lissabon sicher verwahrten Reisegeldes dafür verwenden. Er selbst habe den Wunsch, ins Exil zu gehen, mittlerweile aufgegeben und plane stattdessen seine Rückkehr in die Heimat. Dort drohe ihm zwar das Ghetto, aber anders als den Erzähler würde man ihn nicht „an die Wand stellen“ (S. 279). Er sei „dreißig Jahre in allen möglichen Ländern herumgetrieben“ und ziehe es daher nun vor, „in seinem eigenen Land Bäume zu pflanzen“ (S. 281). Unverhofft zum noch fehlenden Billet gekommen, steht der Abreise des Erzählers plötzlich nichts mehr im Wege, nachdem er vom Hafenamt die nötige Bestätigung erhalten hat: „Das Hafenamt stempelte. Ich war abfahrtbereit.“ (S. 282)

… und ist abfahrbereit

In der Rue de Relais trifft er auf Marie, die von den Abfahrtsplänen des Erzählers nichts weiß und sich in liebevoller Art und Weise von ihrem treuen Wegbegleiter verabschiedet: „Ich kann es gar nicht glauben, dass ich dich nie wiedersehen soll.“ (S. 285) Erstmalig scheint es so, als würde sie die Liebe des Erzählers uneingeschränkt erwidern. Dieser ist von der plötzlichen Zuneigung Maries überwältigt. Als sie ihm auch noch gesteht, dass nicht der Arzt, sondern ihr Ehemann Weidel dem Glück der beiden im Wege stehe, hält der Erzähler die Zeit für gekommen. Er fühlt sich „zur Wahrheit bereit“ (S. 286). Spontan trifft er die Entscheidung, Marie sein Geheimnis zu offenbaren: „Ich bin dir vor der Abfahrt die Wahrheit schuldig. Dein Mann, Marie, ist tot. Er hat sich das Leben genommen in der Rue de Vaugirard beim Einmarsch der Deutschen in Paris.“ (Ebd.) Endlich hat der Erzähler sich zur Wahrheit durchgerungen, doch dieser Mut ändert wider Erwarten gar nichts. Denn Marie verweist auf die grundehrliche Beamtin Rosalie in

Marie erwidert scheinbar die Liebe des Erzählers

Erzähler ringt sich zur Wahrheit durch

der Präfektur, die ihr die Existenz ihres Ehemanns mit „Güte in ihren Augen“ (ebd.) bestätigt habe. Der Erzähler, der kurz zuvor besagte Rosalie unter Vortäuschung des falschen Namens Weidel besucht hatte, weiß nun um die Vergeblichkeit all seiner Bemühungen. Seine Entscheidung, sich als Weidel auszugeben, hat für derart viele Spuren in der Stadt gesorgt, dass er den Toten quasi zum Leben erweckt hat und seine Liebe zu Marie unmöglich wird. Das macht die Tragik seines Lebens aus, und es führt zur desillusionierenden Einsicht: „Da gab ich es auf. Der Tote war uneinholbar. Er hielt in der Ewigkeit fest, was ihm zustand. Er war stärker als ich. Mir blieb nichts anderes übrig, als fortzugehen.“ (S. 287) So entscheidet sich der Erzähler dazu, sein Billet zurückzugeben. Er hat nicht mehr vor, ins Ausland zu emigrieren, denn er weiß nun: „ Um das zu sehen, worauf es ankommt, muss man bleiben wollen.“ (S. 289)

Marie schenkt der Wahrheit keinen Glauben

Nach dieser entscheidenden Wende fallen dem Erzähler am nächsten Morgen die einfachen Bewohnerinnen und Bewohnern Marseilles ins Auge, die – dem Grauen des Krieges zum Trotz – ihrer ehrlichen Arbeit nachgehen und im Gegensatz zu allen Transitären keinen Gedanken daran verschwenden, ihre Heimat zu verlassen. Aus dieser unausgesprochenen, aber gemeinsamen Entscheidung zu bleiben, ziehen sie für ihn ihre Stärke und Kraft. An dieser Erkenntnis richtet sich der Erzähler auf, mit ihnen fühlt er sich nunmehr in Solidarität verbunden. Plötzlich – und das ist Teil seines positiven Entwicklungsprozesses – spricht er gütig, warmherzig und bewundernd über die Menschen, die er lange Zeit verachtet hat: „Sie waren mir, dem Waisen, Vater und Mutter, sie waren mir, dem Geschwisterlosen, Bruder und Schwester.“ (S. 290) In dem solidarischen Grundgedanken ähnelt der Erzähler erstmals seinem moralischen Mentor Heinz, den er für seinen Glauben an die Kraft des Kollektivs und der Freundschaft immer bewun-

Positiver Entwicklungsprozess

Einstellungsänderung des Erzählers

Entschluss, zu bleiben, statt zu fahren

dert hat. Damit steht für den Erzähler fest, dass er in Südfrankreich bleiben will, den anrückenden Nationalsozialisten zum Trotz. Er sucht daher ganz instinktiv die Binnets auf, die ihm seit Monaten eine Familie sind. Vom Jungen Claudines wird er begeistert begrüßt. Zum Dank für seine Entscheidung, zu bleiben, überbringt der Junge auf Bitte des Erzählers sämtliche Reisepapiere Weidels und das Romanmanuskript der mexikanischen Botschaft. Der zuständige Konsul ist nicht überrascht und kommentiert den Erhalt trocken mit den Worten: „Das war vorauszusehen." (S. 297) Die Binnets sind von der Entscheidung des Erzählers angetan und halten sie für folgerichtig. So meint der Hausherr: „Für dich ist es richtig, zu bleiben. Was sollst denn du da drüben? Du gehörst zu uns. Was uns geschieht, geschieht dir." (S. 298) Und so kommt es, dass sich am Ende der Romanhandlung der Erzähler auf die Pfirsichfarm von Georg Binnets Onkel in der Nähe der Küste begeben darf, um dort zu arbeiten und eine neue Heimat zu erhalten. Dafür spürt er erstmals Dankbarkeit, ein Gefühl, das in dem Rückblick des Erzählers bis dato keine Erwähnung gefunden hat: „So gibt mir denn diese Familie, gibt mir dieses Volk bis auf weiteres Obdach. Ich helfe beim Säen und Entraupen." (S. 299) Damit ist der Entwicklungsprozess seiner Persönlichkeit an sein Ende gelangt. Die neu gewonnene Familie und Heimat sind ihm so viel wert, dass er bereit ist, gegen die nahende deutsche Wehrmacht mit allen Mitteln zu kämpfen. Er ist bereit, zu einem Mitglied der Résistance gegen die deutsche Besatzung zu werden.

Positive Reaktion der Familie Binnet

Bereitschaft zum bewaffneten Widerstand als Ausdruck der Veränderung

Die Résistance ist ein Sammelbegriff für französische, belgische und luxemburgische Bewegungen im Widerstand gegen den Nationalsozialismus während des Zweiten Weltkriegs sowie gegen die mit der deutschen Besatzungsmacht kollaborierenden inländischen Bevölkerungsgruppen und Institutionen. Außer Französinnen und Franzosen kämpften auch viele Ausländerinnen und Ausländer auf-

Die Abbildung zeigt ausländische Mitglieder der Résistance.

seiten des Widerstands. Neben anderen Emigranten und Emigrantinnen fanden sich viele Interbrigadistas[1], die während des Spanischen Bürgerkriegs über die Grenzen geflohen waren. Auch der aus Deutschland stammende Erzähler ist bereit, sich im Widerstandskampf gegen den Terror der Nationalsozialisten zu engagieren. Weglaufen kommt für ihn nun nicht mehr infrage. Seine neue Heimat ist er bereit, zu verteidigen: „Ich werde, sobald es zum Widerstand kommt, mit Marcel eine Knarre nehmen. Selbst wenn man mich dann zusammenknallt, kommt es mir vor, man könne mich nicht restlos zum Sterben bringen." (Ebd.) Aus dem Transitär ist ein beheimateter Mensch geworden.

Der Kreis schließt sich

Am Ende des Romans schließt sich der Kreis. Der Erzähler kehrt aus dem Umland nach Marseille zurück, um Claudine etwas Gemüse zu bringen. Im Café Mont Vertoux kommt ihm die Nachricht zu Ohren, die „Montreal" sei untergegangen. Dieses Gerücht hindert die Scharen von Flüchtlingen

[1] kommunistische Kämpfer gegen den Diktator Franco im Spanischen Bürgerkrieg (1936 – 1939)

jedoch nicht, um eine „Vorbuchung für das nächste Schiff zu betteln.“ (Ebd.) Des Geredes überdrüssig, zieht er sich in die Pizzeria am Hafen zurück, wo er sich vorstellt, wie die Tür aufgeht und Marie hereinkommt. Damit findet der Roman sein Ende, wo er seinen Anfang nimmt: in der Pizzeria am Hafen und mit dem Gerücht, die „Montreal“ sei untergegangen. So erhält der Roman eine zirkuläre Struktur.

Zirkuläre Erzählstruktur des Romans

Die zirkuläre Struktur des Romans

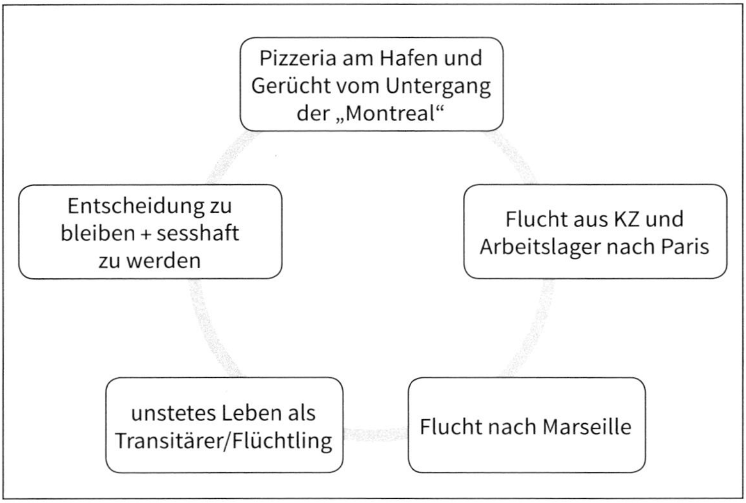

Anfang und Ende bilden den Rahmen für die Erzählung eines zu Beginn unsicheren, listig-egoistischen Menschen, der sich zu einem verantwortungsvollen, empathischen, tröstenden und anteilnehmenden Zuhörer wandelt. Am Ende hat der Erzähler aller Verlusterlebnisse zum Trotz seine wahre Identität wiedergewonnen. Er ist mit sich im Reinen.

Entwicklungsroman

Diese Erkenntnis lässt die These zu, dass es sich bei „Transit“ um einen Entwicklungsroman handelt. Darunter versteht man in der Literaturwissenschaft einen Romantypus, in dem die geistig-seelische Entwicklung einer Hauptfigur in ihrer Auseinandersetzung mit sich selbst und der gesellschaftlich-sozialen Umwelt dargestellt wird. Der Entwicklungsroman – eine spezifische Ausformung des Bildungsromans, wie man ihn seit J. W. Goethes (1749 – 1832) Roman „Wilhelm Meisters Lehrjahre" (1795/96) kennt – nimmt den Reifeprozess des Protagonisten in den Blick, der seine Erfahrungen und Erlebnisse in der Welt reflektierend verarbeitet und seiner Persönlichkeit einverleibt. Die biografische Entwicklung des Helden ist dabei keineswegs nur positiv zu sehen, denn häufig sind es in Entwicklungsromanen eher negative Erfahrungen, die Einfluss auf die Identität des Helden bzw. der Heldin nehmen.

Allgemeine Merkmale des Romantyps

Sie führen jedoch dazu, dass dieser „in sich geht", und tragen zu der Erkenntnis bei, dass er sich bisher falsch verhalten hat, ungerechtfertigte Ansprüche erhoben oder schwere Fehler begangen hat. Da er sich diesen Fehlern der Vergangenheit stellt, er also desillusioniert wird, sorgt der Held bzw. die Heldin selbst für die Möglichkeit, sein/ihr Leben zu ändern und es in eine andere, vielversprechendere Richtung zu lenken.

Konkretisierung der Merkmale auf die Erzählerfigur des Romans

Eine Überprüfung der Merkmale des Entwicklungsromans in Bezug auf die Biografie der literarischen Figur des Erzählers lässt den Schluss zu, dass dieser den Vorgaben in weiten Teilen entspricht. Der Erzähler beschreibt seine um Rettung bemühten Mittransitäre anfangs überaus negativ und abwertend. Es ist ihm wichtig, nicht zu jenen „Überreste[n] von erbärmlichen Menschenhaufen" (S. 38) zu zählen, die er auf seiner Flucht beschreibt. Seine wahre Identität bleibt auch Menschen, die er liebt, lange verborgen: „Meine Name blieb aus dem Spiel." (S. 34) Und seiner großen Liebe verschweigt er die wichtigste Information über den Tod ihres Mannes, weil es seine eigene egoistische Strategie über den Haufen werfen würde (vgl. S. 164).

Doch die Erfahrungen, die der Erzähler in seiner Zeit in Marseille macht, verändern sein Wesen. Den Eifer und die Geschäftigkeit der Flüchtlinge beschreibt er plötzlich einfühlsam und geradezu warmherzig (vgl. S. 95 f.), und gegenüber Marie ringt er sich letztlich doch noch zur Wahrheit durch: „Dein Mann, Marie, ist tot. Er hat sich das Leben genommen in der Rue de Vaugirard beim Einmarsch der Deutschen in Paris.“ (S. 286) Am Ende bleibt er nicht aus egoistischen Motiven in Frankreich, sondern weil er den Wert der Bindung an die Menschen, v. a. an den Jungen der Familie Binnet, begreift (vgl. S. 296 f.). Statt sich zu entziehen wie alle anderen, übernimmt er Verantwortung im Kampf gegen das Unrecht: „Ich will jetzt Gutes und Böses hier mit meinen Leuten teilen, Zuflucht und Verfolgung. Ich werde, sobald es zum Widerstand kommt, mit Marcel eine Knarre nehmen.“ (S. 299) Die „gründliche Suche nach dem, was für immer vorhält“ (S. 134), hat mit dieser Entscheidung des Erzählers ihr vorläufiges Ende gefunden.

Hintergründe

Frankreich zu Beginn des Zweiten Weltkriegs

Beginn des Zweiten Weltkriegs: 1. September 1939

Der Zweite Weltkrieg (1939 – 1945) begann mit dem Überfall Polens durch die deutsche Wehrmacht am 1. September 1939. Der Krieg kam nicht aus dem Nichts, sondern hatte sich bereits in den Jahren zuvor angedeutet. Zu ihrem obersten Kriegsziel erklärte das verbrecherische deutsche NS-Regime die Eroberung von Lebensraum im Osten. Der Außenpolitik Deutschlands ging es insbesondere um eine Revision des Versailler Vertrags, mit dem Deutschland die Hauptschuld am Ersten Weltkrieg (1914 – 1918) zugesprochen wurde. Die angebliche unrechtmäßige Erniedrigung des deutschen Volkes sollte durch einen neuen Krieg beendet werden. Dafür ließ Adolf Hitler ab 1935 die Wehrpflicht wieder einführen, die Aufrüstung für den neuen Krieg begann. Schon 1936 erfolgte der Einmarsch in das viele Jahre lang entmilitarisierte Rheinland. Dieses Vorgehen stellte einen Verstoß gegen die Verträge von Locarno (1925) dar und ließ schon die zukünftige Gangart der deutschen Außenpolitik vermuten.

Vorgeschichte

Mit dem „Anschluss" Österreichs im Frühjahr 1938 wurde auch die offizielle Außenpolitik des NS-Regimes tatsächlich noch aggressiver. Wenige Monate später vereinnahmte das Deutsche Reich das Sudetenland. Erstaunlicherweise nahmen die anderen europäischen Großmächte wie Frankreich und Großbritannien diese aggressive Politik Deutschlands vorerst hin, hofften sie doch darauf, dass der deutsche Diktator sich mit diesen leichten geopolitischen Erfolgen zufriedengeben würde. Der Überfall auf Polen am 1. September 1939, der den Beginn des Zweiten Weltkriegs markiert, strafte sie Lügen.

Frankreich und Großbritannien erklären Deutschland den Krieg

Bereits zwei Tage später, am 3. September 1939, reagierten Frankreich und Großbritannien auf den deutschen Angriff auf Polen, indem sie dem Deutschen Reich den Krieg erklärten. Polen konnte der militärischen Macht Deutschlands nur wenig entgegensetzen. Im April 1940 kam es zur Besetzung Norwegens und Dänemarks, mit der die deutsche Wirtschaft und insbesondere die Rüstung gesichert werden sollte. Da Hitler die europäischen Großmächte nacheinander besiegen und einen Zweifrontenkrieg – also eine Konfrontation mit der Sowjetunion im Osten sowie England und Frankreich im Westen Europas – unbedingt vermeiden wollte, startete er am 10. Mai 1940 einen Feldzug gegen die Niederlande, Belgien und Frankreich. Die deutsche Wehrmacht erzielte im Westen schnell große militärische Erfolge, man sprach bald von einem sog. „Blitzkrieg“, der nur wenige Opfer abverlangen würde. Tatsächlich wurde die britische Armee, die den Franzosen zur Hilfe eilen wollte, nach Dünkirchen zurückgedrängt. Die Westoffensive des deutschen Heeres zielte v. a. auf eine schnelle Überquerung der Ardennen, was auch tatsächlich gelang, die französische Heeresführung überraschte und dazu führte, dass der Krieg im Westen schon nach wenigen Wo-

„Blitzkrieg“: schnelle militärische Erfolge für die deutsche Wehrmacht im Westen

Deutsche Soldaten auf den Champs-Élysées in Paris im Juni 1940

chen zugunsten Deutschlands beendet schien. Triumphal zog die deutsche Wehrmacht am 14. Juni 1940 in Paris ein, der es gelungen war, innerhalb von sechs Wochen der führenden Militärmacht Europas eine Niederlage zuzufügen. 180 000 Menschen fielen dem „Blitzkrieg" im Westen zum Opfer.

Besetzung Paris im Juni 1949

Paris konnte ohne großen Widerstand von deutschen Soldaten besetzt werden; diese Besetzung fand erst am 25. August 1944 ihr Ende, was für viele Französinnen und Franzosen bis heute mit traumatischen Erinnerungen an die sog. „dunklen Jahre" behaftet ist. Für die französische Regierung bat Marschall Pétain angesichts der aussichtslosen Lage um einen Waffenstillstand, der bereits am 22. Juni 1940 unterzeichnet wurde. Auch Hitler selbst wollte sich die symbolische Strahlkraft dieses militärischen Triumphes über die „Grande Nation" aus Gründen der Propaganda zunutze machen und stattete der besetzten französischen Hauptstadt einen Überraschungsbesuch ab. Das Fo-

Waffenstillstandsabkommen

Hitler hält sich im Juni 1940 für wenige Stunden in Paris auf to des deutschen Diktators vor dem Eiffelturm sollte die stolzen Französinnen und Franzosen größtmöglich demütigen und die Unterwerfung symbolisch verdeutlichen.

Zweiteilung Frankreichs

Der Waffenstillstandsvertrag zwischen Deutschland und Frankreich sah eine Trennung des Landes vor, ein Zugeständnis, das die französische Bevölkerung wohl Pétains frühem Einlenken zu verdanken hatten. Nicht das gesamte Land wurde besetzt, sondern nur der Nordwesten Frankreichs. Im Süden – der sog. „zone libre“ – blieben die Franzosen mit General Pétain an der Macht. Dieser hatte in Vichy einige Politiker der extremen Rechten um sich konzentriert. Gemeinsam wurde nun das politische System der Demokratie für die militärische Niederlage gegen das Deutsche Reich verantwortlich gemacht und stückweise ausgehebelt, insbesondere indem ein repressiver Polizeiapparat aufgebaut und die traditionell republikanischen Ideen von Freiheit, Gleichheit und Brüderlichkeit durch das neue Motto „Travail, Famille, Patrie“ (Arbeit, Familie, Vaterland) ersetzt wurde. Einem Diktator nicht unähnlich, vereinte Marschall Pétain nun alle Staatsgewalt auf seine Person und wurde zur tonangebenden Figur des autoritären Vichy-Regimes. Den deutschen Besatzern im Norden kam diese Veränderung der politischen Landschaft im Süden Frankreichs nur recht. Sie sahen in Pétain nicht mehr als eine willfährige Marionette, die für Ruhe und Ordnung sorgen sollte, damit sich das deutsche Heer weiteren militärischen Aufgaben widmen konnte. Einige von der Kollaboration Pétains mit den Deutschen enttäuschte kleinere und in der Regel nicht gut organisierte Widerstandsgruppen formierten sich („Résistance“), konnten anfangs jedoch kaum Wirkung erzielen.

„zone libre“ im Süden

Kollaboration des Vichy-Regimes mit Deutschland

Beginn des französischen Widerstands: „Résistance“

Flucht in den Süden

Viele Menschen traten aus dem Norden des Landes die Flucht ins vermeintlich sichere „Vichy-Frankreich“ des Südens an. Zehntausende Franzosen, aber auch deutsche Oppositionelle, die nach der Machtübernahme Hitlers 1933

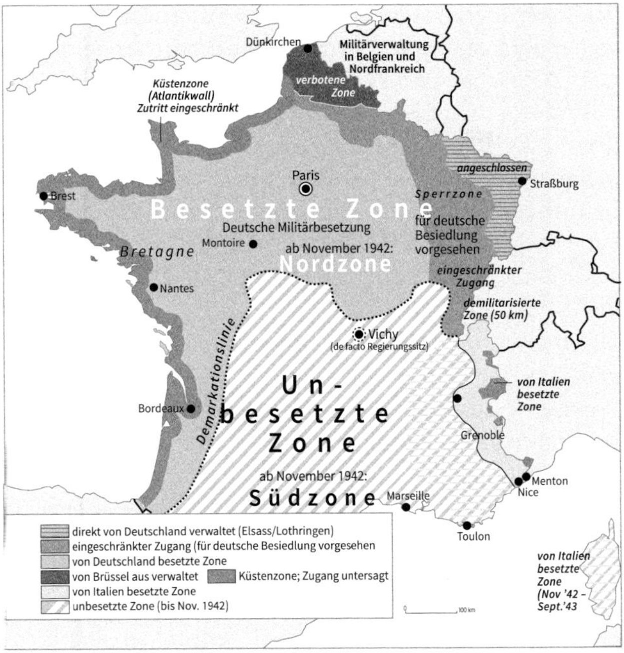

Das zweigeteilte Frankreich

Emigration über Marseillle

aus Angst vor Verfolgung Zuflucht in Frankreich gefunden hatten, flohen vor der Besatzungsmacht an die Mittelmeerküste, z. B. nach Marseille, um Europa per Schiff zu verlassen. Doch auch im nominell unabhängigen „État français“, dem unbesetzten Süden, waren die Exilanten bzw. Exilantinnen in einer ambivalenten Situation: Auf der einen Seite profitierten sie von der Hilfsbereitschaft von Teilen der einheimischen Bevölkerung und den Aktionen internationaler Hilfsorganisationen. Intellektuelle wie die des Französischen mächtige Anna Seghers konnten sich anfangs gut am politischen, kulturellen oder auch journalistischen Leben beteiligen. Auf der anderen Seite machten den Verfolgten des NS-Regimes antideutsche Ressentiments und ein veraltetes Fremdengesetz das Leben schwer. Das „System Vichy“ unter Marschall Pétain kollaborierte mit den siegreichen Deutschen und konzentrierte auf deren Wunsch Oppositionelle und Exilanten bzw. Exilantinnen in Arbeitslagern. Das Vichy-Regime verpflichtete seine Bürger und Bürgerinnen sogar per Gesetz dazu, dem sog. „Arbeitsdienst“ beizutreten und für die deutsche Rüstungsindustrie oder Landwirtschaft zu arbeiten. Davor flohen zahlreiche Franzosen und Französinnen und Exilanten und Exilantinnen in die Wälder Südfrankreichs, wo sie sich als gesetzlose Maquisards[1] in der Résistance engagierten. Der Widerstand erstarkte.

Wachsender Widerstand

Insgesamt lässt sich also sagen, dass es nur wenigen Exilanten bzw. Exilantinnen gelang, im Süden dauerhaft Fuß zu fassen. 1943 nahm Deutschland auch die unbesetzten Gebiete Frankreichs ein. Auch in Marseille kooperierte die französische Polizei und Verwaltung mit den Deutschen und beteiligte sich an der Deportation ausländischer und französischer Jüdinnen und Juden aus der „zone libre“ in osteuropäische Vernichtungslager. Seit November 1942 war Marseille von deutschen Truppen besetzt. Die sog. „Razzia von Marseille“ am 22. Januar 1943 hatte das Ziel, den französischen Widerstand („Résistance“) gegen Deutschland zu brechen:

Politische Situation in Marseille

Das gesamte Hafenviertel wurde in der bis heute wenig bekannten „Operation Sultan“ abgeriegelt, evakuiert und schließlich zerbombt. Innerhalb von nur zwei Stunden hatten rund 20000 Bewohnerinnen und Bewohner des Altstadtviertels ihre Wohnungen und Häuser zu räumen. Am ersten Februar 1943 wurden auf Anordnung Heinrich Himmlers über 1400 Gebäude Marseilles von deutschen Pi-

[1] französische Partisanen, die sich während des Zweiten Weltkriegs in Wäldern und Bergen versteckten und von dort aus militärische Aktionen gegen die deutschen Besatzer planten und durchführten

Die „Razzia von Marseille“ im Januar 1943

oniereinheiten gesprengt, nur die erste Häuserreihe am Hafen blieb von dieser Zerstörung verschont.

Wendepunkt des Zweiten Weltkriegs: Landung der Alliierten in der Normandie

Die Landung der Alliierten in der Normandie am 6. Juni 1944 stellt den Wendepunkt des Zweiten Weltkriegs an der Westfront dar. Zeichnete sich im Osten spätestens mit der Schlacht von Stalingrad im Winter 1942/43 ein psychologischer Wendepunkt im Deutsch-Sowjetischen Krieg ab, so wendete sich nun auch das Blatt im Westen. Die Résistance-Gruppen im Norden und im Süden organisierten sich besser und schlossen sich nun zu einem offenen Partisanenkrieg zusammen, auf den die deutschen Besatzer mit großer Brutalität reagierten. Im Juni 1944 löschte die SS das Dorf Oradour-sur-Glane fast vollkommen aus, über 600 Menschen ließen in dem Massaker ihr Leben. Doch an dem erfolgreichen und schnellen Vormarsch der alliierten Befreier konnten auch diese Kriegsverbrechen der Nationalsozialisten nichts mehr ändern. Am 25. August 1944 konnte General de Gaulle, der den Widerstand gegen die deutsche Besatzungsmacht anführte, triumphal in das befreite Paris einziehen. Zeitgleich mit dem Vordringen der Roten Armee im Osten lief damit alles auf eine totale Niederlage des

Kriegsverbrechen der Besatzer

Befreiung Paris durch General de Gaulle (25. August 1944)

8. Mai 1945: Ende des Zweiten Weltkriegs

deutschen Aggressors hinaus. Am 8. Mai 1945 endete der Zweite Weltkrieg mit der Kapitulation der Heeresführung. Hitler selbst hatte einige Tage zuvor Selbstmord verübt. Der Zweite Weltkrieg hat insgesamt ca. 50 bis 60 Millionen Menschen das Leben gekostet.

Etwa sechs Millionen Jüdinnen und Juden wurden Opfer des Holocausts. In Vernichtungslagern v. a. im Osten Europas, z. B. in Auschwitz, wurden sie in einem organisierten Massenmord in Gaskammern systematisch ermordet.

Einordnung der Romanhandlung in den historischen Kontext

Biografische Parallelen

Die erzählte Zeit des Romans „Transit“ reicht vom Zeitpunkt der Besetzung Frankreichs durch die deutsche Wehrmacht im Juni 1940 bis zur Abfahrt der „Montreal“ aus Marseille, die sich zeitlich ins Frühjahr 1941 verorten lässt. Zu dieser Zeit wanderte auch die jüdisch-kommunistische Autorin Anna Seghers an Bord des Schiffes „Paul Lemerle“ über Marseille nach Mexiko aus, wo sie einige Jahre im Exil verbrachte, bevor sie nach Beendigung des Krieges wieder in ihre deutsche Heimat zurückkehrte. Viele historisch korrekte Details finden sich im Rahmen der Romanhandlung wieder. So flüchtet der namenlose Ich-Erzähler zuerst aus einem deutschen Konzentrationslager, später aus einem Arbeitslager in Rouen, das es wirklich gab. Die Flucht aus Paris gemeinsam mit vielen Tausenden von Menschen ist überaus genau und realistisch wiedergegeben. Das widersprüchliche Verhalten der Einheimischen gegenüber den Flüchtlingen und ihrer bedrohlichen Lebenssituation entspricht ebenso der historischen Wahrheit wie zahlreiche Schauplätze des Romans in Marseille. Anna Seghers hat nach ihrer Flucht aus Deutschland 1933 mehrere Jahre gemeinsam mit ihrer Familie in Paris verbracht. Wie der Erzäh-

Das Foto zeigt Anna Seghers mit ihrer Tochter Ruth in Paris Mitte der 1930er-Jahre.

ler ihres Romans „Transit“ musste auch sie – bedingt durch die Besetzung Nordfrankreichs und den drohenden Einmarsch der Deutschen in Paris – die geliebte Stadt verlassen und in die „zone libre“ in Richtung Marseille flüchten. Hat Anna Seghers nachweislich während ihres Aufenthalts in Marseille zahlreiche Stunden im Café Mont Ventoux verbracht, so vertrödelt der Erzähler einen Großteil seiner Zeit nicht zufällig im Café Vertoux (es ist wahrscheinlich, dass die unterschiedliche Schreibweise auf einen Fehler bei der Übersetzung des Romans zurückzuführen ist). Die Polizeirazzien, die auch den Erzähler wie andere Illegale in Marseille bedrohen und vor denen er mehrfach fliehen kann, hat es auch in Wirklichkeit gegeben. Die erniedrigenden und häufig absurd anmutenden bürokratischen Vorgänge bei der Beantragung der für die Ausreise erforderlichen Papieren erlebt nicht nur der Erzähler des Romans, sondern sie finden sich auch in den biografischen Erinnerungen der Autorin selbst.

Verarbeitung eigener Erfahrungen in der Fiktion des Romans „Transit“

Insgesamt beruhen zentrale Handlungsstränge des Romans also auf den eigenen Erfahrungen der Autorin, die selbst vor den Nationalsozialisten flüchten musste und ihre Wartezeit in Marseille dazu nutzte, um am Manuskript

Einwand: „Transit" ist mehr als nur ein zeitgeschichtliches Dokument

Flucht, Vertreibung und Heimatlosigkeit als überzeitliche Themen

für den Roman „Transit" zu arbeiten. Ein Jahr nach ihrer Ankunft im Exilland Mexiko stellte sie den Roman fertig und ließ ihn zunächst in englischer Übersetzung in den USA veröffentlichen. Trotzdem ist Seghers' Text mehr als nur ein zeitgeschichtliches Dokument. Der Roman ist eingebettet in einen bestimmten historischen Zusammenhang, der sich gut rekonstruieren lässt. Gleichzeitig ist er jedoch mehr als nur ein historisches Dokument. Seine innere Konstruktion, aber auch Aussagen der Autorin selbst lassen den Schluss zu, dass Flucht, Vertreibung, Heimatverlust, der Kampf des Einzelnen um Identität und das Recht auf Leben allgemein-menschliche Themen sind, die die Zeiten überdauern und auch heute noch ihre Geltung einfordern.

Anna Seghers – Leben und Werk

Anna Seghers gilt als eine der bedeutendsten wie auch umstrittensten deutschen Dichterinnen des 20. Jahrhunderts. Ihr aufregendes Leben spiegelt die Höhen und Tiefen der deutschen Geschichte des letzten Jahrhunderts in exemplarischer Weise. Es ist geprägt vom Aufwachsen im Kaiserreich, den Kindheitserfahrungen des Ersten Weltkriegs (1914 – 1918), einer liberalen Epoche während der Studienjahre, einer Phase der Flucht und des Exils (1933 – 1945) und der Heimkehr nach Deutschland (1947 – 1983) sowie dem selbst gewählten Leben in der DDR.

Geburt: 1900 in Mainz Geburtsname: Netty Reiling

Religion: Judentum

Anna Seghers wird als Netty Reiling am 19. November 1900 in Mainz geboren. Der Name Anna Seghers, unter dem wir die Autorin heute kennen, ist ein Künstlername, den sich die Dichterin im Laufe ihres Lebens (ab 1928) zulegte. Sie ist die einzige Tochter einer wohlhabenden jüdischen Familie aus Mainz. Der Vater Isidor besaß eine auch international bekannte Antiquitäten- und Kunsthandlung, die er zusammen mit seinem Bruder führte. Seghers' Mutter Hed-

Netty Reiling mit ihrer Mutter Hedwig (1880 – 1942)

wig entstammte einer in Frankfurt bekannten jüdischen Kaufmannsfamilie.

Man kann also durchaus sagen, dass die spätere Kommunistin und Kämpferin für die Rechte der Arbeitsklasse selbst aus einem groß- und bildungsbürgerlichen Elternhaus stammte, das auf der einen Seite einen jüdisch-orthodoxen Hintergrund nicht verleugnete, andererseits politisch eher als liberal-demokratisch und gesellschaftlich assimiliert (angepasst) beschrieben werden kann. Materiell sorgenfrei ausgestattet, verlebt das einzige Kind der Familie eine behütete und sorgenfreie Kindheit. Ausgiebige Urlaube in den Bergen, an der Nordsee oder in Paris, einem Ort, der nach der Machtübernahme der Nationalsozialisten in Deutschland zwangsweise zu einer zweiten Heimat für Seghers werden soll, zeugen von einer glücklichen Kindheit. Ab 1907 besucht das intelligente und wissbegierige Mädchen in Mainz eine Privatschule, 1910 wird sie in die Höhere Mädchenschule in der Petersstraße aufgenommen. 1920 legt sie erfolgreich ihre Abiturprüfung ab, unterbro-

Bildungsbürgerliches und liberales Elternhaus

1920: Abitur

Beginn der antimilitaristischen und pazifistischen Grundhaltung

chen nur von ihrer Teilnahme an Kriegshilfsdiensten zu Beginn des Ersten Weltkriegs (1914), die den Anfang ihrer antimilitaristischen und pazifistischen Grundhaltung markiert. Was Seghers in den ersten zwanzig Jahren ihres noch jungen Lebens erfährt, ist eigentlich Stoff für ein ganzes Leben: Der Erste Weltkrieg, das anschließende Chaos der Revolution, die Ausrufung der Weimarer Republik und die Besetzung des linken Rheinufers durch französische Soldaten sorgen dafür, dass Seghers schon sehr früh ein Interesse für die soziale Frage entwickelt, die ihr künstlerisches Werk prägen wird.

Interesse an der sozialen Frage

Nach dem Ablegen der Reifeprüfung beginnt Anna Seghers 1920 ein Studium in der berühmten Universitätsstadt Heidelberg, nicht weit entfernt von ihrer geliebten Heimat Mainz. Das Studium (Kunstgeschichte, Philologie, Geschichte und Sinologie) beansprucht die junge Frau, die sich begeistert von der neuen intellektuellen Herausforderung zeigt. Gleichzeitig spürt sie, das sie zu mehr bestimmt ist und ihr künstlerisches Potenzial zur Entfaltung bringen muss: „Mein Studium interessierte mich so sehr, dass es mich ganz absorbierte[1]. Aber meine Fantasie arbeitete und arbeitete, produzierte jedoch nichts. Als ich dann eines Tages zu schreiben anfing, brach's wie ein Sturzbach aus mir heraus: Ich schrieb, studierte, schrieb, studierte – wie eine Verrückte, das ging bis zur Erschöpfung."[2] Die Studienjahre der jungen Intellektuellen sind also zugleich die Phase, in der Seghers ihr künstlerisch-literarisches Debüt abliefert.

1920: Studium in Heidelberg

Erste literarische Versuche

Während ihrer Studienzeit in Heidelberg lernt Reiling auch ihren späteren Ehemann, den ungarischen Juden László Radványi, kennen. Der Kommunist und Revolutionär prägt das Denken der jungen Frau ebenso wie ihr sozialistischer

Bekanntschaft mit dem ungarischen Juden László Radványi

---

[1] absorbieren: in Beschlag nehmen

[2] Zitiert nach: Hans Berkessel: Anna Seghers – Mainzer Weltliteratur. In: Blätter zum Land 4/2003, S. 4.

Freundeskreis, zu dem beispielsweise auch der Kommilitone Philipp Schaeffer gehört, der während der NS-Diktatur zum politischen Widerstand gehört und dafür mit seinem Leben bezahlt. Auch die Vorlesungen liberal-fortschrittlicher Professoren prägen die Auseinandersetzung der Studentin mit marxistischer Ideologie und sozialpolitischen Fragestellungen, die sie ihr gesamtes späteres Leben und Werk über nicht verlassen werden. Seghers beschließt 1924 ihr Studium mit einer kunsttheoretischen Doktorarbeit. Diese trägt den Titel „Jude und Judentum im Werke Rembrandts“. Fast zur gleichen Zeit publiziert sie ihre erste Prosaerzählung „Die Toten auf der Insel Djal“ in der „Frankfurter Zeitung“. Erstmalig nutzt sie ein Pseudonym und nennt sich Antje Seghers. Nach dem Studium kehrt Seghers für ein Jahr in ihre alte Heimat Mainz zurück. Während dieser Zeit löst sie sich vom Judentum und entscheidet sich für eine riskante, da materiell unsichere berufliche Zukunft als freie Schriftstellerin.

Abschluss des Studiums: Promotion 1924

Zukunft als Schriftstellerin

Anna Seghers und ihr Mann László Radványi (1900 – 1978)

1925 heiratet Seghers ihren Lebensgefährten László Radványi und zieht mit ihm in die Großstadt Berlin.

1925: Heirat

Während ihr Ehemann als Direktor der Marxistischen Arbeiterschule in Berlin tätig ist, kümmert sich Seghers um ihre zwei Kinder, den 1926 geborenen Sohn Peter und die zwei Jahre jüngere Tochter Ruth. Gleichzeitig bleibt sie auch literarisch aktiv und schreibt

Leben in Berlin, Geburt zweier Kinder

Kleist-Preis für die Erzählung „Aufstand der Fischer von St. Barbara" (1928)

an kleineren Erzählungen. Die 1928 publizierte Erzählung „Aufstand der Fischer von St. Barbara" macht sie deutschlandweit bekannt, auch weil sie dafür mit dem renommierten Kleist-Preis ausgezeichnet wird. Seghers ist nun Teil der literarischen Avantgarde[1] des Landes. Politisch steht sie links, wovon ihr Eintritt in die Kommunistische Partei 1928 Zeugnis ablegt. Auch dem „Bund proletarisch-revolutionärer Schriftsteller" tritt die engagierte Autorin bei. Bis ans Ende ihres Lebens bleibt sie – zahlreichen Desillusionierungen und Verletzungen insbesondere in der DDR der Nachkriegszeit zum Trotz – den politischen Entscheidungen dieser jungen Jahre treu. In den Krisenjahren der Weimarer Republik im Vorfeld der Machtübernahme der Nationalsozialisten entstehen einige Erzählungen („Die Ziegler") und der Episodenroman „Die Gefährten". Schon in diesen Frühwerken zeichnet sich das künstlerische Lebensthema Anna Seghers' ab: „die Unzerstörbarkeit der Hoffnung, die Utopie der Befreiung, das Elend der Unterdrückten"[2] (Wilhelm von Sternburg).

Frühwerk

Über die marxistische Ausrichtung Anna Seghers' besteht also auch in der Öffentlichkeit kein Zweifel, sodass die jüdisch-kommunistische Dichterin mit der Machtübernahme der Nationalsozialisten im Januar 1933 das Schlimmste befürchten muss. Während viele Jüdinnen und Juden und linksintellektuelle Künstlerinnen und Künstler darauf hofften, dass die Führung des Landes durch Adolf Hitler bald der Vergangenheit angehören würde, begriff Seghers sehr früh, in welcher lebensbedrohlichen Gefahr sich ihre Familie befand. Von Anfang an ließen die neuen Machthaber keinen Zweifel daran, wie sie im kulturell-künstlerischen Bereich vorzugehen dachten. Zahlreiche Künstlerinnen und

Machübernahme der Nationalsozialisten 1933: Publikationsverbot und Verfolgung zahlreicher Künstlerinnen und Künstler

[1] Vorkämpfer für eine neue geistige Entwicklung
[2] Zitiert nach: Hans Berkessel: Anna Seghers – Mainzer Weltliteratur. In: Blätter zum Land 4/2003.

Bücherverbrennungen im Frühjahr 1933 als Warnung an regimekritische Autorinnen und Autoren

Künstler wurden Opfer nationalsozialistischer Verfolgung, viele erhielten ein Publikationsverbot und mussten um ihr Leben fürchten. Die spektakulär inszenierte Bücherverbrennung verfemter Autorinnen und Autoren auf dem Opernplatz in Berlin am 10. Mai 1933 – initiiert vom „Nationalsozialistischen Deutschen Studentenbund“ als „Aktion wider den undeutschen Geist“ – sowie in 21 weiteren deutschen Universitätsstädten bekräftigen Seghers' Überzeugung, dass in einem Land, in dem Bücher brennen, eines Tages auch Menschen zum Opfer der Flammen werden würden.

Seghers flüchtet nach Paris

Die weitsichtige Entscheidung von Anna Seghers 1933, sich den zahlreichen Künstlerinnen und Künstlern und Intellektuellen auf ihrer Flucht ins benachbarte Ausland anzuschließen, rettete sie und ihre engste Familie vor Verfolgung, Verhaftung und Ermordung im Holocaust. Die Ermordung ihrer in Mainz verbliebenen Mutter Hedwig, die mit einem der letzten Transporte 1942 aus ihrer rheinhessischen Heimatstadt Mainz in das polnische Ghetto Piasi bei

Ermordung der Mutter im Ghetto 1942

Lublin deportiert wurde, belegen diese traurige Einschätzung.

1933 – 1940: Leben in Paris

Seghers flüchtet mit ihrer Familie nach Frankreich, wo sie in einem Vorort von Paris heimisch wird. Auch ihre Kinder können in der Weltstadt ein halbwegs normales Leben führen, gehen dort zur Schule, während ihre Eltern arbeiten.

Passfotos von Anna Seghers aus den 1930er-Jahren während ihrer Exilzeit in Paris

Romane im Pariser Exil: „Der Kopflohn" (1933), „Der Weg durch den Februar" (1935), „Die Rettung" (1937)

Die erste Phase ihres Exils ist geprägt von einer außergewöhnlichen künstlerischen Produktivität, in der es der Autorin trotz schwieriger materieller Voraussetzungen gelingt, allein drei Romane zu publizieren, die sich thematisch mit dem Untergang der Weimarer Republik und der Entstehung des Faschismus beschäftigen. In den letzten Jahren ihrer Pariser Zeit arbeitet Seghers auch bereits an ihrem Exilroman „Das siebte Kreuz", der sie weltberühmt macht und 1942 in den USA in englischer Sprache erstveröffentlicht wird. Da sie im Gegensatz zu vielen anderen Exilantinnen und Exilanten die französische Sprache in Wort und Schrift fließend beherrscht, engagiert sie sich bereitwillig als Mitherausgeberin der Exilzeitschrift „Neue deutsche Blätter" (1933 – 1935) sowie im „Schutzverband Deutscher Schriftsteller" (SDS) im Widerstand gegen das neue faschistische Deutschland.

„Das siebte Kreuz" (1942)

Politisches Engagement im Widerstand

Mit dem Beginn des Zweiten Weltkriegs am 1. September 1939 ist es mit dem sicheren Leben der Familie in Frankreich schnell vorbei. Der militärische Blitzsieg der deutschen Wehrmacht im Frühjahr 1940 überrascht viele Dissidenten bzw. Dissidentinnen und Oppositionelle in Frankreich; auch Seghers' Ehemann László Radványi wird schnell von den deutschen Besatzern in ein Arbeitslager interniert.

Kampf ums Überleben: Krise mit Beginn des Zweiten Weltkriegs

Wie vielen anderen Verfolgten bleibt auch Anna Seghers nichts anderes übrig, als das geliebte Paris zu verlassen und in der „zone libre", also dem von den Deutschen noch unbesetzten südlichen Teil des Landes, Zuflucht zu suchen. Anna Seghers, auf den Fahndungslisten der Gestapo aufgeführt, versteckt sich mit ihren Kindern in Pamier, einem kleinen Städtchen am Rande der Pyrenäen.

Flucht in die unbesetzte Zone im Süden Frankreichs

Die lebensbedrohliche Flucht geht weiter: Im September 1940 kommt sie in Marseille an, für viele Flüchtlinge ein Sehnsuchts- und Abfahrtsort in ein neues Leben in Übersee. Hier bemüht sie sich wie so viele von den Nationalsozialisten verfolgte Menschen um ein Visum, das ihr und ihrer Familie die Ausreise nach Übersee ermöglichen soll. Gleichzeitig kämpft sie um die Entlassung ihres Mannes aus dem Gefangenenlager. Ihre den heutigen Leserinnen und Leser absurd anmutenden Erfahrungen vor Ort mit verzweifelten und ängstlichen Menschen, denen auf den Konsulaten vor ihrer Ausreise in das Exilland zahlreiche bürokratische Hürden in den Weg gelegt werden, hat Seghers in ihrem Roman „Transit" verarbeitet, den sie noch in Marseille beginnt und der neben dem Roman „Das siebte Kreuz" als ihr ästhetisch gelungenstes Werk gilt.

1940: Warten auf ein Visum in Marseille

Arbeit am Roman „Transit"

Unterstützt durch die materielle Hilfe von Freunden in den Vereinigten Staaten erhält die Familie die für ihre Ausreise notwendigen Papiere, sodass die Radványis – auch Seghers' Ehemann ist mittlerweile aus dem Arbeitslager entlassen – Marseille am 24. März 1941 auf einem Frachtdampfer den Rücken kehren können. Die unmittelbare Be-

Ausreise nach Mexiko im März 1941

drohung ihres Lebens durch die nationalsozialistischen Verfolger findet mit der Ankunft in Mexiko-City ihr Ende. Auch im neuen lateinamerikanischen Exil engagiert Segers sich im Kampf gegen den Faschismus, z. B. als Präsidentin des Heinrich-Heine-Clubs, als Mitbegründerin des Verlags „El Libro libre“ oder der Zeitschrift „Freies Deutschland“. Sie hält zahlreiche politische und literarische Vorträge und beendet ihre Arbeit an den schon in Marseille begonnenen Manuskripten ihrer beiden großen Romane „Transit“ und „Das siebte Kreuz“. Ein schwerer Verkehrsunfall 1943 sorgt dafür, dass sie kurzzeitig ihr Gedächtnis verliert. Bis heute halten sich (unbewiesene) Gerüchte, sie sei damals Opfer eines faschistisch motivierten Attentats geworden. Ihr Ehemann macht im mexikanischen Exil akademische Karriere, unter dem Namen Johann Lorenz Schmitt arbeitet er als Professor an mehreren Universitäten.

Widerstand im Exil

„Das siebte Kreuz“ (1942) wird zur literarischen Sensation und zum Welterfolg

Ihr größter literarischer Erfolg – der Roman „Das siebte Kreuz – wird 1942 in englischer Sprache in den USA sowie im mexikanischen Exilverlag „Eli Libor libre“ in deutscher Sprache publiziert. Schon im selben Jahr erscheint in den USA eine Comic-Fassung des Romans, die allein in den USA eine kaum glaubliche Leserschaft von etwa 20 Millionen Menschen erreicht haben soll. Der Roman schildert die Flucht von sieben Häftlingen aus dem Konzentrationslager Westhofen bei Worms während der Zeit des Nationalsozialismus. Der Lagerkommandant will die Entflohenen innerhalb von sieben Tagen wieder zurückbringen lassen. Er lässt während der Zeit der Jagd auf die Häftlinge im Lager sieben Kreuze aufbauen, an denen die sieben Unglücklichen nach ihrer Rückkehr hingerichtet werden sollen. Tatsächlich werden sechs der Entflohenen entweder gefasst oder sterben auf der Flucht vor den Verfolgern. Doch bleibt das siebte Kreuz im Lager unbesetzt. Dem Helden Georg Heisler gelingt nämlich die Flucht in Richtung der Niederlande. Anders als die anderen Gefangenen agiert er auf sei-

ner Flucht nicht egoistisch und als Individualist. Als Kommunist findet er Rückhalt bei seinen Genossen, die ihn im Untergrund verstecken und ihm ebenso helfen wie gutwillige und politisch nicht organisierte Deutsche. Der Roman, in der DDR Pflichtlektüre im Deutschunterricht, wird schnell zur weltweiten literarischen Sensation. Einen Anteil daran hatte die Verfilmung (1944) des Romans durch den Regisseur Fred Zinnemann in der Endphase des Zweiten Weltkriegs. Hollywoodstar Spencer Tracy glänzte in der Rolle des Georg Heisler und verstärkte die Popularität des Romans.
Auch wenn Seghers sich in ihrer neuen Exilheimat Mexiko schnell einlebt und sich einen Freundeskreis aufbaut, besteht für sie doch kein Zweifel darüber, dass ihre Zeit in Amerika nur eine Art „Zwischenstadium“, ein Transit, darstellt und sie nach der sich abzeichnenden Niederlage der deutschen Machthaber in ihre alte Heimat zurückkehren möchte. Anders als ihr Erzähler im Exilroman „Transit“, der

Filmplakat zu „Das siebte Kreuz“ mit Hollywoodstar Spencer Tracy (1944)

in Südfrankreich als Obstbauer sesshaft wird, und anders auch als ihr eigener Sohn Pierre, der sich eine neue Heimat in Frankreich aufbaut, gibt es für Seghers keine Alternative zur Rückkehr in ihre deutsche Heimat. 1947 – über 13 Jahre nach ihrem plötzlichen Aufbruch aus Deutschland – kehrt sie zunächst ohne ihre Familie nach Berlin in die Sowjetische Besatzungszone (SBZ) der Stadt zurück, um beim Wiederaufbau des Landes mitzuhelfen. Für Anna Seghers war diese Entscheidung nur konsequent, hatte sie als aktives KPD-Mitglied (Kommunistische Partei Deutschlands) doch seit den 1920er-Jahren keinen Zweifel an ihrer antikapitalistischen und antifaschistischen Einstellung gelassen.

Rückkehr der Autorin nach Deutschland (1947)

Entscheidung für die DDR statt einem Leben in der BRD

Politisch-kulturelles Engagement für den neuen Staat

Auch angesichts der emotionalen Kälte, fehlender Empathie und Unfähigkeit zu trauern, die Seghers nach ihrer Rückkehr bei vielen Deutschen bemerkt und die sie desillusioniert, wird es für sie wichtig, an der Aufklärung der Verbrechen und der notwendigen Übernahme von Verantwortung mitzuwirken. Dabei ist sie in ihrer Anfangszeit geschockt von der Gefühllosigkeit vieler Deutscher, die zum Verdrängen ihrer Schuld neigen und sich der notwendigen emotionalen und rechtlichen Aufarbeitung der Zeit der Diktatur verweigern: „Ich habe das Gefühl, ich bin in die Eiszeit geraten, so kalt kommt mir alles vor.“[1]

Glaube an den Sozialismus

Anna Seghers hat sich daher voller Überzeugung am Aufbau eines sozialistisch geführten Landes beteiligt, allerdings ohne sich in der Einheitspartei oder einem Ministerium der DDR zu engagieren. Vor allem als Mitglied des sog. „Weltfriedensrats“ trat sie für eine humanistische Erziehung der Jugend ein und betonte den Zusammenhang von Sozialismus und Frieden – eine Folgerung, die für sie aus

[1] M. Brenneisen: Diese Erfahrung von der Weite der Welt. Zum Phänomen einer verspäteten Akkulturation bei Anna Seghers. In: S. Becker/R. Krause (Hg.): Exil ohne Rückkehr. Literatur als Medium der Akkulturation nach 1933. München: Edition Text und Kritik 2010, S. 272

den Schrecken des Zweiten Weltkriegs und des Holocausts ableitbar war. Aus ihren Texten dieser Zeit spricht die Überzeugung, dass sich die Welt vom Kapitalismus, den das brutale Regime Hitlers erst möglich gemacht habe, zum Sozialismus entwickeln müsse und werde. Dieser Entwicklungsschritt werde entscheidend zur Humanisierung des menschlichen Zusammenlebens beitragen. Die Überzeugung, dass Kunst und Literatur in den Dienst einer politischen Idee genommen werden dürfen und daher ihre ästhetische Autonomie verlieren, ist ihr häufig zum Vorwurf gemacht worden, insbesondere von Kritikerinnen und Kritikern aus dem Westen Deutschlands. Dieser Vorwurf trifft auf einige Texte der Autorin in den Aufbaujahren der DDR, aber auch in ihrem Spätwerk sicher zu. Dennoch ist es wichtig zu sehen, dass es Seghers bei allem politischen Engagement immer auch um die Vielfalt, Breite und Farbigkeit der Literatur ging.

Ambivalenz: Seghers zwischen Kunstautonomie und politischem Engagement

Bloßen Schematismus in der Kunst lehnte sie schon früh ab, beispielsweise in der sog. „Expressionismus-Debatte“[1] der 1930er-Jahre, in der sie gegen den populären Literaturtheoretiker Georg Lukács Stellung bezog. In zahlreichen ihrer Texte zeigt sich dieses Bemühen um eine vielfältige, farbige antifaschistische Kunst, am deutlichsten vielleicht sogar in ihrem Exilroman „Transit“. Hier finden sich viele Anspielungen auf Sagen, Mythen, Märchen oder Legenden, die unter der oberflächlichen Handlungsebene die Einsicht vermitteln sollen, dass Flucht und Vertreibung als menschliche Grunderfahrungen oder auch als archetypische Urbilder[2] zu deuten sind, die sich in der Geschichte der Menschheit regelmäßig wiederholen. Der Erzähler im Roman „Transit“ beispielsweise erinnert in seiner verzweifelten

[1] Im Grundsatz ging es um die Frage, wie realistisch, wie wirklichkeitsabbildend die Literatur zu sein habe, wenn sie einem sozialistischen Staat dienen soll (vgl. sozialistischer Realismus).

[2] im Menschen angelegte, überzeitliche Grunderfahrungen

Suche nach Heimat und Familie an die mythische Figur des listigen Odysseus. So entsteht ein zyklisches Geschichtsbild: Schreckliche zeitgeschichtliche Einzelereignisse lassen sich dann eher als temporäres Phänomen im Kontext einer sich wiederholenden Auf- und Abwärtsbewegung in der Geschichte der Menschheit verstehen, nicht als singuläre Ereignisse im Rahmen einer insgesamt positiven Entwicklung der Menschheit hin zu dem Ideal einer klassenlosen Gesellschaft in Frieden und Freiheit. Diese Vorstellung widersprach der offiziellen Doktrin sozialistischer Schriftstellerinnen und Schriftsteller in der DDR, die zwischen politisch-dogmatischer Ideologie und Literatur keinen Unterschied machen wollten. So erklärt sich die offene Kritik von linker Seite an der Konstruktion von Seghers' Helden im Roman „Transit", denn dieser entspricht in seinem Zaudern und Zögern überhaupt nicht der typischen Vorstellung eines sozialistischen Widerstandskämpfers. Er ist keinem klar postulierten politischen Ziel verpflichtet und verzichtet darauf, für eine bestimmte politische Ideologie Partie zu ergreifen. Gegenüber Paul Strobel muss der Erzähler eingestehen, dass „ich mir keine Pläne gemacht hatte, dass mir die Zukunft nebelhaft war. Er fragte mich, ob ich einer Partei angehöre. Ich erwiderte nein, ich sei auch ohne Partei damals in Deutschland ins KZ geraten, weil ich mir auch ohne Partei manche Schweinerei nicht gefallen ließ" (S. 20). Ihre Weigerung, sich den ideologischen Vorgaben eines staatlich verordneten sozialistischen Realismus zu unterwerfen, hat Anna Seghers in den 1940er-Jahren viel Kritik aus dem linken Spektrum eingebracht.

Linke Kritik am Roman „Transit" und Seghers' zyklischem Geschichtsbild

Als gefeierte Staatsdichterin der DDR, als Vorsitzende des Schriftstellerverbandes der DDR, Ehrenbürgerin von Berlin (DDR), Trägerin des Nationalpreises kann die populäre Vorzeigedichterin des neuen deutschen Staates diese Unabhängigkeit ab den 1950er-Jahren nicht länger bewahren, und sie gerät zunehmend zwischen die sich verhärtenden

Seghers als „Staatsdichterin" der DDR

Staats- und Parteichef Erich Honecker gratuliert Anna Seghers am 26. Mai 1978 auf dem VIII. Schriftstellerkongress zur Wahl als Ehrenpräsidentin des Schriftstellerverbands.

Fronten des Kalten Kriegs. Seghers stellt in der Folge ihre eigene Person, aber auch ihr Werk zunehmend in den Dienst der SED (Sozialistische Einheitspartei Deutschlands) bzw. der Kommunistischen Partei, was ihr in Westdeutschland die Kritik einbringt, als linientreue Staatsdichterin setze sie sich für ein ebenfalls diktatorisches Regime ein, das Menschen mit abweichendem Gedankengut verfolge und einsperre.

Kritik westdeutscher Literaturkenner an Eindimensionalität einiger Romane

Ihr gut gemeintes, aber falsches Engagement als Staatsschriftstellerin für die DDR diene in letzter Konsequenz der öffentlichen Legitimation eines ebenfalls menschenverachtenden Regimes. Darüber könne auch das Engagement der Dichterin in der Weltfriedensbewegung nicht hinwegtäuschen. Tatsächlich hat die Autorin die auch für sie erkennbaren Fehlentwicklungen in der DDR öffentlich nicht kritisiert, intern ist ihr unauffälliges Eintreten für von der Staatsspitze kritisierte, da von der offiziellen Parteidoktrin abweichende und damit gefährdete Schriftstellerkollegin-

„Die Entscheidung" (1959)

nen und -kollegen aber bekannt. Die Kritik an der Einseitigkeit und daraus resultierenden fehlenden literarischen Qualität ihres Werkes in der Zeit der DDR trifft in Teilen sicher zu. Der vorletzte Roman Anna Seghers', „Die Entscheidung" (1959), wird vom bekannten westdeutschen Literaturkritiker Marcel Reich-Ranicki als naiv und armselig, wirr und vordergründig kritisiert.[1] Auch die Seghers-Expertin Sonja Hilzinger wirft der Autorin vor, mit „überwiegend eindimensionalen Figuren"[2] eine illegitime Moralpredigt zu konstruieren, und sie bewertet den Roman daher als literarisch unbedeutend. Die Heftigkeit solcher Einschätzungen der Kritik sorgte dafür, dass die Autorin im Westen ignoriert oder nicht mehr ernst genommen wurde. Bis in die 1970er-Jahre wird sie im Westen nicht gelesen, während sie im Osten auf ein Podest gestellt und verehrt wird.

Annäherung des Westens an die lange umstrittene Autorin

Eine erste Annäherung an die Autorin zeichnet sich im Westen mit der Verleihung der Ehrensenatorenwürde der Universität Mainz 1977 ab. Vier Jahre später beschleunigt sich diese Entwicklung, als ihre Heimatstadt Mainz die berühmte Dichterin zur Ehrenbürgerin ernennt. Dieser Prozess der Versöhnung setzt sich über den Tod der Schriftstellerin 1983 hinaus fort.

Tod: 1983

Nach dem Ende der DDR 1989/90 wird der Dichterin anlässlich ihres einhundertsten Geburtstags unter großer Anteilnahme der Bevölkerung im Mainzer Dom gedacht, einem von Anna Seghers geliebten Gebäude, dem sie in ihrem erfolgreichsten Roman „Das siebte Kreuz" ein literarisches Denkmal gesetzt hat. Ab den 2010er-Jahren werden einige Texte der Autorin, vor allem „Das siebte Kreuz" und „Transit", sogar wieder zum Lektürestoff in den Gymnasien. In

[1] Zitiert nach: Juliane Eckhardt: Die Werke von Anna Seghers im Literaturunterricht der BRD. In: Günter Eifler und Anton Maria Keim (Redakteure): Anna Seghers – Mainzer Weltliteratur. Beiträge aus Anlass des 80. Geburtstages. Mainz: Verlag Dr. Hanns Krach 1981, S. 110.

[2] Sonja Hilzinger: Anna Seghers. Stuttgart: Reclam 2000, S. 187

Grabstätte Anna Seghers' und ihres Ehemanns auf dem Dorotheenstädtischen Friedhof in Berlin

Hamburg wird der Roman „Transit" zum verbindlichen Prüfungsstoff für alle Abiturientinnen und Abiturienten, der vorläufige Höhepunkt der Versöhnung der literarischen Öffentlichkeit mit einer großen deutschen Autorin von Weltrang.

Exilliteratur

Der Begriff „Exilliteratur"

Unter dem Begriff „Exilliteratur" fasst man diejenige Literatur von Schriftstellerinnen und Schriftstellern, die gezwungenermaßen ihre Heimat verlassen und Zuflucht in fremden Ländern suchen mussten und müssen, weil sie zu Hause aus politischen oder religiösen Gründen verfolgt oder bedroht wurden und werden.
Im Kontext dieser Verstehenshilfe für den Roman „Transit" von Anna Seghers wird an dieser Stelle die Exilliteratur in den Blick genommen, die zwischen 1933 bis 1945, also in den 12 Jahren der nationalsozialistischen Herrschaft in

Deutschland, entsteht. Davon unabhängig ist das Schreiben von Dichterinnen und Dichtern im Exil kein Phänomen der Neuzeit. Schon in der Antike waren einige Dichter der Verfolgung durch die Obrigkeit ausgesetzt, und viele ihrer Texte wurden Opfer der Zensur, sodass es für einige Autoren wie Hipponax (6. Jh. v. Chr.) oder Ovid (gestorben 17 n. Chr.) notwendig wurde, die Heimat zu verlassen und ihre Werke im Exil zu verfassten.

Leben im Exil: ein Jahrtausende alter Zustand

Zu einem Massenphänomen aber wird die Exilliteratur erst ab dem 16. Jahrhundert infolge der Religionskriege in Europa. Viele protestantische Dichter waren gezwungen, ihren katholischen Heimatländern den Rücken zu kehren. So ist ein Großteil der Exilliteratur des 16. bis 18. Jahrhunderts vorwiegend religiös geprägt. Erst am Ende des 18. Jahrhundert wird diese Art der Emigrantenliteratur zunehmend politischer. Mit den zum Teil aggressiv-politischen Texten von Heinrich Heine (1797 – 1856), Ludwig Börne (1786 – 1837), Karl Marx (1818 – 1883) oder Georg Büchner (1813 – 1837) verschärft sich diese Tendenz im Zuge des Kampfes um ein neues politisches System und als Folge der Umwälzungen der Französischen Revolution (1789). Auch der berühmte französische Dichter Victor Hugo (1802 – 1885) musste nach dem Staatsstreich des späteren Napoleon III. nach Guernsey (britische Kanalinsel) ins Exil und konnte erst nach dessen Sturz in seine Heimat zurückkehren.

Exilliteratur als Folge der Religionskriege im 16. Jahrhundert

In der deutschen Literaturgeschichte wird die Exilliteratur in den zwölf Jahren der nationalsozialistischen Diktatur (1933 – 1945) mittlerweile als eigenständige Epoche der deutschen Literatur definiert. Diese (nicht immer unumstrittene) Einschätzung wird mit dem radikalen Schnitt begründet, den die Machtübernahme der neuen Herrscher zu Beginn des Jahres 1933 für die Künstlerinnen und Künstler Deutschlands mit sich brachte. Mit den von den neuen Machthabern organisierten Bücherverbrennungen am 30.

Epoche der deutschen Exilliteratur: 1933 – 1945

Symbolischer Beginn: Bücherverbrennungen im Frühjahr 1933

Diese traurige wie weise Vorhersage machte der Dichter Heinrich Heine bereits 1823, fast 140 Jahre vor dem Holocaust.

Mai 1933 wurde vielen Künstlerinnen und Künstlern bewusst, dass diese Aktion nur ein Vorspiel auf das war, was noch kommen sollte, und dass – wie schon Heinrich Heine meinte – dort, wo man Bücher verbrennt, am Ende auch Menschen verbrannt werden.

Hoffnung der Exilautoren und -autorinnen auf baldige Rückkehr zerschlägt sich schnell

Da sehr schnell auch alle sog. „nicht arischen Werke" verboten wurden, verließen zahlreiche Autorinnen und Autoren ihr Heimatland. Die meisten suchten an Deutschland angrenzende Länder wie Österreich, die Niederlande oder Frankreich auf, weil sie darauf hofften, schon bald nach Deutschland zurückkehren zu können. Diese Hoffnung zerschlug sich spätestens mit dem Beginn des Zweiten Weltkrieges (1939 – 1945). Da Hitler in den ersten Jahren militärisch erfolgreich war, mussten viele Exilantinnen und Exilanten erneut fliehen. Anna Seghers beispielsweise, die seit 1933 einige glückliche Jahre in Paris verbracht hatte, musste über Marseille nach Mexiko emigrieren, andere Dichterinnen und Dichter suchten Zuflucht in Moskau oder New York.

Vielfältige Formen des Exils und des Umgangs mit dem NS-Regime

Der engen zeitlichen Eingrenzung der Epoche auf diese zwölf dunklen Jahre der deutschen Geschichte ließe sich entgegensetzen, dass sich das geistige und kulturelle Leben in der Endphase der Weimarer Republik bereits zu Beginn der 1930er-Jahre wandelte und radikalisierte. Zugleich kehrte nur ein Teil der betroffenen und von den Nationalsozialisten vertriebenen Dichterinnen und Dichter unmittelbar nach der bedingungslosen Kapitulation Deutschlands sofort in ihr Heimatland zurück. Vielen Autorinnen und Autoren gelang diese Rückkehr erst mit jahrelanger Verspätung; einigen Autoren wie z. B. Hermann Broch (1886 – 1951) oder Heinrich Mann (1871 – 1950) gelang die Rückkehr gar nicht. Sie verstarben im Exil. Wiederum andere zeigten sich von der Realität in der Heimat derart enttäuscht, dass sie – wie Alfred Döblin (1878 – 1957) – erneut in ihr Exilland zurückkehrten. Zuletzt sind auch Autorinnen und Autoren zu nennen, die trotz ihrer Opposition gegenüber den neuen Machthabern und deren menschenverachtender, rassistischer Ideologie im Land blieben. Gottfried Benn (1886 – 1956) oder auch Erich Kästner (1899 – 1974) zogen sich in diese sog. „innere Emigration" zurück, was nach Beendigung des Krieges in der Epoche der Nachkriegsliteratur zu einer erbitterten Kontroverse mit den Exillautoren und -autorinnen führte, die den Vertretern der inneren Emigration Feigheit vor dem Feind zum Vorwurf machten.

„Innere Emigration"

Merkmale der Epoche der Exilliteratur

Diesen Unterschieden im Detail zum Trotz lassen sich mit Blick auf die vom NS-Regime verfolgten Dichterinnen und Dichter zahlreiche Gemeinsamkeiten finden, die es rechtfertigen, von einer literarischen Epoche der Exilliteratur zu sprechen. Wer das Land zu seiner eigenen Sicherheit verlassen musste, fand im Aufnahmeland nicht sofort eine neue Heimat. Das Exilland wird in der Regel als fremd empfunden. Die Künstlerinnen und Künstler sind isoliert, einsam und entwurzelt. Im fremden Land verlieren sie mit ihrem Publikum auch ihre Sprachgemeinschaft.

Probleme der Dichterinnen und Dichter

Probleme der Dichterinnen und Dichter im Exil

- Entwurzelung, Einsamkeit und Isolation
- Trauer um verlorene Heimat
- Verlust des Publikums und der finanziellen Einnahmen
- Leiden unter Verlust der Muttersprache
- fehlendes Interesse des neuen Publikums an deutscher Dichtung

Nicht viele beherrschten wie Anna Seghers die Sprache des Landes, das die Asylanten aufgenommen hat, sodass neben dem Beruf und der materiellen Lebensgrundlage auch der Sinn des eigenen künstlerischen Schaffens infrage gestellt wurde. Depression und Selbstzweifel waren häufige Folgen. Die unverwechselbare Künstlerpersönlichkeit Max Herrmann-Neiße (1886 – 1941), dessen Gedichte bis heute unbestritten einen ästhetischen Höhepunkt der Zeit der Weimarer Republik darstellen, ist hierfür ein bekanntes Beispiel.

Beispiel: Max Herrmann-Neiße

Bereits 1933 musste der bekannte Dichter – eine populäre Ikone der Künstlerszene der Weimarer Republik – vor den neuen Machthabern nach London fliehen, wo er niemals richtig heimisch wurde. Im frühen Alter von nur 54 Jahren starb er dort isoliert und verzweifelt über den schmerzhaften Verlust seiner Heimat. Seine folgenden Zeilen geben exemplarisch Auskunft über das Leiden des Dichters in der Fremde:

Desillusionierung im Exilland

Max Herrmann-Neiße war der meistgezeichnete Dichter der Weimarer Republik. George Grosz malte ihn 1925.

Ein deutscher Dichter bin ich einst gewesen (1934)

[...] doch hier wird niemand meine Verse lesen,
ist nichts, was meiner Seele Sprache spricht;
ein deutscher Dichter bin ich einst gewesen,
jetzt ist mein Leben Spuk wie mein Gedicht.

Max Herrmann-Neiße: Gesammelte Werke. Hg. von Klaus Völker. Frankfurt am Main: Zweitausendeins 1988

Die tiefe Trauer um den Verlust der geliebten Heimat, Resignation und Zweifel sind wesentliche Merkmale der Epoche der Exilliteratur; sie finden sich vor allem in der Lyrik, insbesondere nach den ersten außenpolitischen und militärischen Erfolgen Deutschlands. Einige Dichterinnen und Dichter waren sogar derart verzweifelt und resigniert, dass sie im Exil Selbstmord begingen, wie z. B. der Journalist,

Dichter und Satiriker Kurt Tucholsky (1890 – 1935), der 1935 im schwedischen Exil verstarb. Anna Seghers baute die Suizide ihres Freundes Ernst Weiß (1882 – 1940) und Walter Benjamins (1892 – 1940) in ihren Exilroman „Transit“ ein. Daneben finden sich aber auch aktivistische Tendenzen von Dichterinnen und Dichtern, wie z. B. bei dem sozialistisch orientierten Bertolt Brecht (1891 – 1958), bei Anna Seghers oder Johannes R. Becher (1898 – 1951), die sich den Kampf gegen den Nationalsozialismus und die Aufklärung über eben diesen auf die Fahnen schrieben.

Aktivismus und Widerstand im Kampf gegen Hitler-Deutschland

Klaus Mann (1906 – 1949), ältester Sohn von Schriftsteller Thomas Mann, fasst diese kämpferische Tendenz in seiner Autobiografie „Der Wendepunkt“ treffend zusammen: „Einerseits ging es darum, die Welt vor dem Dritten Reich zu warnen und über den wahren Charakter des Regimes aufzuklären, gleichzeitig aber mit dem ‚anderen‘, ‚besseren‘ Deutschland, dem illegalen, heimlich opponierenden also, in Kontakt zu bleiben, andererseits galt es, die große Tradition des deutschen Geistes und der deutschen Sprache, eine Tradition, für die es im Lande ihrer Herkunft keinen Platz mehr gab, in der Fremde lebendig zu halten und durch den eigenen schöpferischen Beitrag weiterzuentwickeln.“[1]

Auch in Anna Seghers’ im Exil entstandenen Roman „Transit“ wird die Kraft und Bedeutung der Sprache für den Exilanten herausgearbeitet. Als dem Erzähler der Geschichte zufällig das Manuskript Weidels in die Hände fällt und dieser aus Langeweile mit der Lektüre beginnt, zeigt sich schon bald die Macht der Sprache: „Und wie ich Zeile um Zeile las, da spürte ich auch, dass das meine Sprache war, meine Muttersprache, und sie ging mir ein wie die Milch

Bedeutung der Muttersprache am Beispiel des Romans „Transit“

[1] Zitiert nach: Jürgen Möller: Literatur des Exils. In: Johannes Diekhans/Michael Fuchs (Hg.): P.A.U.L. D. Oberstufe. Paderborn: Schöningh 2013, S. 359.

dem Säugling. Sie knarrte und knirschte nicht wie die Sprache, die aus den Kehlen der Nazis kam, in mörderischen Befehlen, in widerwärtigen Gehorsamsbeteuerungen, in ekligen Prahlereien, sie war ernst und still. Mir war es, als sei ich wieder allein mit den Meinen." (S. 27) Wie an diesem Beispiel deutlich wird, sind die Dichterinnen und Dichter des Exils nicht bereit, ihre (Mutter-)Sprache den neuen Machthabern kampflos zu überlassen.

Radioansprachen und Appelle Thomas Manns

Dieser Widerstand zeigte sich nicht nur im Kontext der im Exil entstandenen Werke, vorzugsweise waren es Romane. Manche Autoren und Autorinnen, wie z. B. der weltbekannte Literaturnobelpreisträger Thomas Mann (1875–1955), stellten sich in den Dienst der alliierten Kriegsgegner Deutschlands. Thomas Manns für die BBC aufgezeichnete Radioansprachen sind wohl der bekannteste Versuch eines deutschen Exilanten, auch aus der Ferne unmittelbar Einfluss auf das politische Denken der deutschen Bevölkerung zu nehmen. Zwischen 1940 und 1945 hielt der Lübecker Weltliterat zahlreiche fünf- bis achtminütige, pointiert aus-

Thomas Mann bei einer seiner Radioansprachen für die BBC

formulierte Reden, in denen er sich mit der politischen Situation in seiner Heimat auseinandersetzte, das Kriegsgeschehen kommentierte und moralische Appelle an seine Landsleute richtete. Als zentrales Motiv in den Reden Thomas Manns findet sich immer wieder die Differenz zwischen der deutschen Kultur und der Ideologie des Nationalsozialismus. Indem der Dichter den Wert der deutschen Kultur, z. B. die Aufklärung und den Humanismus, betont, möchte er sein Publikum zum Widerstand gegen Hitlers unethisches Deutschland bewegen. Die nicht nur politische, sondern auch moralische Verirrung des deutschen Volkes arbeitet Thomas Mann auch heraus, wenn er bereits zu einem Zeitpunkt, an dem die Welt vom Holocaust, also der systematisch organisierten Vernichtung von sechs Millionen europäischen Jüdinnen und Juden, noch nichts weiß, auf Einzelheiten der barbarischen Judenverfolgungen eingeht: „Die Nazis machen bewusst Geschichte mit allen ihren Taten, und die Probevergasung der vierhundert jungen Juden […] ist Ausdruck des Geistes und der Gesinnung der nationalsozialistischen Revolution […].“[1] Thomas Manns Empörung über die offensichtliche Vernichtung der Jüdinnen und Juden vor den Augen der Weltöffentlichkeit wird auch in einer weiteren Ansprache deutlich, in welcher er auf die „Tötung von nicht weniger als elftausend polnischen Juden mit Giftgas“ hinweist, die in „luftdicht verschlossene Wagen gesteckt und binnen einer Viertelstunde in Leichen verwandelt“ worden seien. Man habe „die Beschreibung des ganzen Vorganges, der Schreie und Gebete der Opfer und des gutmütigen Gelächters der SS-Hottentotten, die den Spaß zur Ausführung brachten“.[2]

Aufklärung über Verbrechen an den Jüdinnen und Juden

Hinweise auf den Holocaust

[1] Zitiert nach: Christian Hülshörster: Thomas Mann und Oskar Goldbergs „Wirklichkeit der Hebräer“. Frankfurt a. M.: Vittorio Klostermann 1999, S. 122 – 123.

[2] Ebd., S. 123.

Wirtschaftliche Probleme der Exilautorinnen und -autoren

Der weltweit beachtete Widerstand des bekannten deutschen Literaturnobelpreisträgers darf nicht darüber hinwegtäuschen, dass die meisten Exilautorinnen und -autoren unter Missachtung und wirtschaftlichen Problemen litten. Der Verbreitung ihrer Texte waren enge Grenzen gesetzt, insbesondere wenn sie in deutscher Sprache verfasst waren. Mit dem „Anschluss“ Österreichs an das Deutsche Reich 1938 fiel auch der letzte unabhängige deutschsprachige Markt und damit die letzte Einnahmequelle weg. Hinzu kam, dass in den 1930er- und 1940er-Jahren das Interesse an deutscher Dichtung im Ausland verständlicherweise gering ausgeprägt war.

Welterfolg: Anna Seghers' Roman „Das siebte Kreuz“ (1942)

Die einzige Ausnahme hiervon bildete der im Exil entstandene Roman „Das siebte Kreuz“ (1942) von Anna Seghers. Die jüdisch-kommunistische Autorin, die schon 1933 nach Frankreich und in der Frühphase des Zweiten Weltkriegs nach Mexiko emigrierte, erzählt darin die Geschichte der Flucht von sieben Häftlingen aus einem fiktiven Konzentrationslager. Sechs Unglückliche werden nach und nach von den NS-Häschern wieder eingefangen und mithilfe eigens dafür im Konzentrationslager aufgestellter Kreuze gefoltert und hingerichtet. Doch dem letzten und siebten Häftling gelingt die Flucht, sodass das siebte Kreuz leer bleibt, ein starkes Symbol der Hoffnung auf Leben und Würde nach der Niederlage des NS-Regimes, das die gesamte Welt in Brand setzte.

Dieser Titelholzschnitt zierte die deutsche Erstausgabe des Romans von Anna Seghers.

Seghers' Roman beschreibt anschaulich die Schrecken des Alltags im Dritten Reich. Er wird sehr schnell in viele Sprachen übersetzt und – noch während des Zweiten Weltkriegs – von Hollywood verfilmt.
Die Epoche der deutschen Exilliteratur findet ihr Ende mit der Niederlage der NS-Diktatur im Zweiten Weltkrieg. Nach und nach kehren zahlreiche Dichterinnen und Dichter aus dem Zwangsexil zurück. Dort stehen sie vor der Frage, ob sie sich im kapitalistisch orientierten Westen oder im kommunistisch ausgerichteten Osten niederlassen. Wie der bekannte Autor Bertolt Brecht entscheidet sich auch Anna Seghers trotz ihrer rheinhessischen Biografie für ein Leben im Osten und die Übersiedlung in die neu gegründete DDR. Unabhängig von ihrer Entscheidung, an welchen Ort sie zurückkehren, machen viele Exilantinnen und Exilanten die desillusionierende Erfahrung, nicht von allen Menschen mit offenen Armen empfangen zu werden. Ewiggestrige Nationalsozialisten warfen ihnen Vaterlandsverrat vor. Andere waren der Meinung, die Heimkehrerinnen und Heimkehrer würden sich ein moralisches Urteil anmaßen, zu dem sie gar nicht berechtigt seien, da sie die realen Lebensverhältnisse im Dritten Reich nicht aus eigener Anschauung kennen würden und ein Urteil darüber daher unredlich sei. Eine öffentliche Würdigung und Auseinandersetzung mit der Literatur des Exils in einer der dunkelsten Epoche der deutschen Geschichte findet erst zu einem späteren Zeitpunkt statt.

Lesarten und Motive des Romans

Ein hochkomplexer und vielschichtiger Roman wie „Transit" lässt sich auf verschiedene Arten interpretieren. Zentrale Lesarten und Motive des Romans werden an dieser Stelle skizziert.

Identität und Persönlichkeitsentwicklung

Thema: Kampf um Identität

Eines der Grundthemen des Romans ist die Frage nach der Identität, die v. a. an der Figur des anonymen Erzählers verdeutlicht wird und im Verlauf des Romans auch eine Antwort erfährt. In einer historisch außergewöhnlichen und einzigartigen Situation, geprägt durch Verfolgung, Verlust der Heimat und Krieg, versucht ein 27-jähriger junger Mensch, sich seiner eigenen Identität zu vergewissern. In diesem Zusammenhang ist die Frage von Bedeutung, was man unter dem Begriff der Identität überhaupt verstehen kann:

Definition: Was ist Identität?

Für den Sozialpsychologen Lothar Krappmann stellt Identität die zentrale Besonderheit des Individuums dar, da sie aufzeigt, wie dieses eine Balance zwischen widersprüchlichen Erwartungen leisten muss, zwischen den „Anforderungen der anderen und den eigenen Bedürfnissen sowie zwischen dem Verlangen nach Darstellung dessen, worin es sich von anderen unterscheidet, und der Notwendigkeit, die Anerkennung der anderen für seine Identität zu finden [...]"[1]. Nach dem kanadischen Soziologen Goffmann lassen sich die Erwartungen, mit denen sich der einzelne Mensch bei seiner Selbstpräsentation in Interaktion auseinanderzusetzen hat, in zwei Dimensionen unterteilen: „die vertikale Zeitdimension, in der die Ereignisse im Leben des Individuums zu einer ‚personal identity' zusammengefasst werden, und die horizontale Dimension, in der die zu einem gewissen Zeitpunkt nebeneinander aktualisierbaren Rollen zu einer ‚social identity' vereinigt werden"[2]. Die personale und die soziale Identität stehen grundsätzlich miteinander im Konflikt, da die erste vom Individuum verlangt, so zu sein wie kein anderer Mensch, während die

[1] Lothar Krappmann: Soziologische Dimensionen der Identität. Stuttgart: Klett-Cotta 1982, S. 7 – 9.

[2] Ebd.

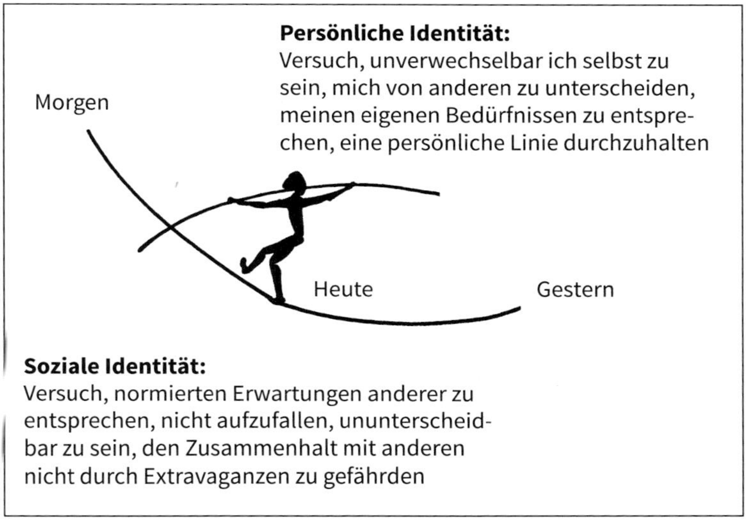

Identität als Balance-Akt eines Seiltänzers

Erhard Meueler: Wie aus Schwäche Stärke wird. Schibri. Milow 3/2015. S. 54

zweite völlige Anpassung an die gesellschaftlichen Regeln einfordert. Zu einem stabilen Identitätskonzept kommt es demnach, wenn es gelingt, die sozialen Rollenerwartungen mit den einzigartigen Wünschen des Individuums in Einklang zu bringen. Junge Menschen müssen also lernen, dass sie ihre eigenen Wünsche in Einklang mit den Vorgaben der Gesellschaft bringen müssen. Oftmals sind hier Kompromisse, nicht selten sogar Opfer erforderlich.

Übertragung des Seiltänzers-Modells von Erhard Meueler auf die Figur des Erzählers in „Transit“

Das anschauliche Modell des Seiltänzers stellt dar, wie schwierig und anspruchsvoll es überhaupt ist, über eine stabile Ich-Identität zu verfügen. Wendet man das psychologische Modell des Sozialwissenschaftlers Erhard Meueler auf die literarische Figur des Erzählers im Roman „Transit“ an, lassen sich einige Erkenntnisse im Hinblick auf das Identitätskonstrukt der Figur gewinnen:

Zu Beginn krankt die Identität der Figur des Ich-Erzählers an seiner Heimat- und Wurzellosigkeit. Spektakulär beschreibt er anfangs zwei erfolgreiche Fluchten aus einem deutschen Konzentrationslager und einem französischen Arbeitslager in Rouen. Nur vorläufig endet die Flucht in Paris. Auch von hier wird er verjagt und muss um sein Leben fürchten, als die deutsche Wehrmacht die französische Metropole im Juni 1940 im Handstreich einnimmt und dauerhaft besetzt hält. Diese Situation ist für viele Menschen gleich, mit dem Erzähler flüchten Tausende um ihr Leben fürchtende Menschen in den vorerst sicheren Süden des Landes, der „zone libre". Das Leben als Flüchtling hinterlässt Spuren bei den Menschen, die der Erzähler anfangs abfällig als „Überreste von […] erbärmlichen Menschenhaufen" (S. 38) abqualifiziert. Er sieht den Lebenshunger, die Lebensgier dieser Menschen, und gleichzeitig unterscheidet er sich von diesen kaum. Im Sinne des Seiltänzermodells ist der spektakuläre Kampf des Erzählers um sein eigenes Überleben eine (letztlich notwendige) Überbetonung der „personal identity". Er muss alles daran setzen, sich in Sicherheit zu bringen. Dass dies auf Kosten der sozialen Bestandteile von Identität geht, ist da nur folgerichtig: So tut er schon hier alles dafür, um nicht erkannt, nicht identifiziert zu werden: „Mein Name blieb aus dem Spiel." (S. 34) Auch in der negativen Wertung der Mitflüchtlinge zeigt sich der Versuch des Erzählers, sich von seinem Umfeld abzugrenzen, sich von anderen zu unterscheiden und eine persönliche Linie durchzuhalten. Die realen Auswirkungen der Emigrations- und Fluchtsituation machen ihn – anders als Heinz – vorerst zu einem geheimnisvollen Einzelgänger, der in Marseille ein falsches Spiel mit seinem Umfeld spielt. Zwar will er sich nicht vorwerfen lassen, für die Verwechslung seiner Identität selbst verantwortlich zu sein, so häufig betont er seinen Versuch um Aufklärung. Diese Behauptung lässt sich aber nur als Selbstschutz deuten, denn nach einer Weile übernimmt der Erzähler gerne das falsche Deutungsmuster seiner Umwelt und schlüpft in zwei Identitäten: Der falsche Pass auf den Namen

Überbetonung der persönlichen (personalen) Identität

Ausgangspunkt: Der Erzähler spielt ein falsches Spiel zum eigenen Vorteil

Seidler und die Herkunftsnachweise des verstorbenen Dichters Weidel ermöglichen ihm ein bequemes, von List und Strategie gegenüber der Umwelt geprägtes Leben. Von der Falschheit seiner Identität weiß niemand, keinen Mitmenschen setzt er darüber in Kenntnis, niemandem vertraut er sich an. Im Umkehrschluss kann er durch die Annahme dieser falschen Identitäten niemals dauerhaft der sein, der er wirklich ist. Nur bei den Binnets, die ihn schon von früher und daher mit seinem richtigen Namen kennen, darf er sich zeigen als der, der er ist: „Also hing ich an der Familie Binnet wie ein Kind, das seine eigene Mutter verloren hat und sich an den Rock einer anderen Frau hängt, die seine Mutter zwar nie sein kann, aber doch etwas Güte abgibt." (S. 43) Doch dauerhaft kann er bei den Binnets nicht bleiben, seine Besuche bleiben vorerst Episode. Und so spürt der Erzähler selbst die Folgen seines falschen Spiels, und er empfindet sie als Mangel: „Irgendetwas war mir verloren gegangen, so verloren, dass ich nicht einmal mehr genau wusste, was es gewesen war, dass ich es nach und nach nicht einmal mehr richtig vermisste, so gründlich war es verloren gegangen in all dem Durcheinander." (Ebd.) Die psychologisch versierte, interpretierende Leserin bzw. der psychologisch versierte, interpretierende Leser kann unter Anwendung des Seiltänzermodells das vom Erzähler nicht Benennbare benennen: Der Erzähler leidet unter einem Mangel an stabiler Ich-Identität. Die Isolation und Lüge, mit der er lebt, lassen die Ausbildung der sozialen Dimension von Identität nicht zu, zu sehr ist der Erzähler noch auf sich selbst und die Rettung seiner eigenen Person fixiert. Als ihm während einer Razzia die Flucht vor der Polizei glückt, freut er sich „froh und böse" (S. 67) darüber, dass nicht er, sondern ein unbekannter Unglücklicher von der Polizei festgenommen wird, ein weiterer Ausdruck seines ausgeprägten Egozentrismus. Mitgefühl, Empathie und soziale Perspektivenübernahme lässt er zu diesem Zeitpunkt noch vermissen.

Heimat und Geborgenheit nur bei den Binnets

Leiden an fehlender stabiler Ich-Identität und Identitätsverlust

Doch dabei bleibt es nicht. Die Überbetonung der persönlichen (personalen) Identität zu Lasten der sozialen gerät durch den Kontakt mit einer Figur ins Wanken, die an mehreren Stellen der Romanhandlung kurze Auftritte genießt: Heinz, ein 1935 aus dem KZ geflohener Kommunist und aktives Mitglied der Internationalen Brigaden im Spanischen Bürgerkrieg, erinnert den Erzähler an die Bedeutung von Sekundärtugenden, die dem Erzähler infolge seines falschen Spiels verloren gegangen sind: Der körperlich versehrte Antifaschist steht mit seiner Person für Zuverlässigkeit, Wahrhaftigkeit, Treue und Solidarität, Werte, die mit denen des Erzählers, seinem falschen Spiel und seiner falschen Identität in Konflikt stehen. Der Erzähler ist reflektiert genug, um dies selbst zu erkennen: „Denn selbst in mir fand er [Heinz] etwas, ich weiß nicht was, wovon ich selbst nicht mehr wusste, dass es noch immer in mir vorhanden war […].“ (S. 83) Für einen Augenblick sieht er ein, dass seine Missachtung der Werte, für die Heinz steht, einen Fehler darstellt. Doch noch hält er sie für „uneinhaltbar“ (ebd.). Unglück und Leiden an emotionaler Ausgeglichenheit, an Anerkennung und Glück sind die Folge: „Mein Leben geht ganz daneben.“ (S. 86)

Vorbild: Heinz

Es gibt jedoch Erfahrungen und v. a. Bindungen an Menschen, welche die Überbetonung der persönlichen (personalen) Identität vonseiten des Erzählers schrittweise korrigieren. Eine erste leichte Veränderung des Blicks auf seine Mitmenschen zeigt sich schon im Anschluss an die Begegnung mit Heinz, der das Beste aus ihm herausholt. Der regelrechte Ekel, den der Erzähler beim Beobachten der Flüchtlinge empfunden hat, wandelt sich, als er in einem Café den aufgeregten Menschen zuhört: „Auf einmal fand ich all das Geschwätz nicht mehr ekelhaft, sondern großartig.“ (S. 95) Doch die Veränderung ist nicht von Dauer. Schon bald versinkt der Erzähler wieder in Egoismus und

Kurzzeitige, erste Veränderung des Erzählers

Selbstmitleid

Selbstmitleid: „Mich jammerten meine siebenundzwanzig vertanen, in fremde Länder verschütteten Jahre." (S. 96)

Es sind dann vor allem die Begegnung mit Marie und die Liebe, die er zu der verzweifelt nach ihrem Mann suchenden Frau entwickelt, die ihm nach und nach bewusst machen, dass ihn sein bisheriges Leben in Marseille nicht glücklich macht. Er sieht sich nun selbst auf der „Suche nach dem, was für immer vorhält" (S. 134). Und so gerät die Selbstsicherheit des Erzählers ins Wanken. Seine „eigene [...] Undurchschaubarkeit" (S. 155) erfüllt ihn nicht mehr mit Stolz, sondern er entschuldigt sich dafür, bei Heinz bittet er um Verzeihung für seine Untreue und sein Imstichlassen (vgl. S. 152 ff.). So wie der Egozentrismus als Teil der persönlichen (personalen) Identität abnimmt, so wächst der Anteil der sozialen Identität beim Erzähler: Im Umgang mit dem Sohn von Claudine entwickelt er väterliche Gefühle und am Essenstisch der Familie Binnet bemerkt er die „Brüchigkeit" (S. 163) seines bisherigen, nur auf ihn selbst ausgerichteten Lebens.

Grund der Verhaltensänderung: Liebe

Bindung an den Jungen fördert soziale Identität

Der Erzähler identifiziert nunmehr die Bedeutung des sozialen Miteinanders für personales Glück und eine stabile Ich-Identität: „Ich hatte jedenfalls stark wie nie das Gefühl, in ein Heim geraten zu sein." (S. 163) Den letzten Schritt, der notwendig wäre, um mit sich selbst ins Reine zu kommen und die eigene Identitätskrise zu bewältigen, scheut er jedoch: Er spielt weiter Katz und Maus mit Marie, die ihren Ehemann sucht, von dem nur der Erzähler selbst weiß, dass er in Paris Selbstmord verübt hat und die Suche Maries damit sinnlos ist. Doch zynisch und listig lässt er Marie weitersuchen, weil er sich davon Vorteile im Wettkampf mit dem Arzt erhofft, der sich ebenfalls um Marie bemüht.

Die Entwicklung des Erzählers hin zu einer stabilen, ausbalancierten Ich-Identität im Sinne des Seiltänzermodells ist also keineswegs geradlinig. Sie bleibt von Rückschritten nicht verschont, solange für den Erzähler „alles nur ein

Rückschläge im Entwicklungsprozess

Spiel“ (S. 212) ist und er die Bedeutung von Glaubwürdigkeit, Vertrauen und Wahrhaftigkeit im menschlichen Miteinander unterschätzt. Es ist ausgerechnet eine Verwaltungsbeamtin – Rosalie von der Präfektur –, die ihm in ihrer aufrichtigen Zuwendung und in ihrem ehrlichen Interesse an seiner Biografie vor Augen führt, was wirklich zählt. Das bewirkt ein Umdenken, er fühlt Scham angesichts eines Menschen, der sich ihm gegenüber völlig offen, interessiert und strategielos zeigt: „Zum ersten Mal half mir jemand, weil ich der war, der ich war […].“ (S. 270)

Vorbild: Rosalie

Beschämung bewirkt Kurskorrektur

Mehr und mehr interessiert er sich für Marie, und als er bemerkt, wie sehr sie unter dem Misserfolg ihrer Suche leidet, entschließt er sich, ihr alles zu „erzählen“ (S. 244). Doch die Information über den Suizid Weidels (vgl. S. 286) erfüllt nicht ihren Zweck, denn Marie glaubt weiterhin daran, dass ihr Mann lebt; zu viele Spuren hat der Erzähler in seiner falschen Identität auf den Ämtern, in den Konsulaten und Cafés der Stadt mittlerweile gelegt, als dass sie der Wahrheit noch Glauben schenken könnte. Das macht die persönliche Tragik im Entwicklungsprozess des Erzählers aus, der sich zur Wahrheit durchringt, um Marie für sich zu gewinnen, genau hierin jedoch scheitert. Denn Marie besteigt mit dem Arzt nur wenig später die „Montreal“ und findet den Tod. Dennoch darf man sich den Erzähler als Seiltänzer im Kampf um Ich-Identität nicht als gescheitert vorstellen. Zwar hat er die Liebe seines Lebens verloren, doch im Kampf um diese ist er ein anderer geworden. Aus einem egoistischen, strategisch denkenden Spieler, der seine Mitmenschen benutzt, ist ein dem anderen zugewandter und interessierter Mensch geworden. Der Romanschluss macht diesen positiv endenden Kampf um Identität deutlich. Denn nicht zufällig sucht der Erzähler am Ende die Binnets auf und macht den Jungen, der ihn längst in Übersee glaubt, glücklich. Die Solidarität, die ihm anfangs fehlt und die ihm Heinz vorlebt, kann er nun selbst in Anspruch nehmen und auch ausüben. So

Erzähler ringt sich zur Wahrheit durch

Trotz Tod Maries ist der Erzähler nicht gescheitert

Bekenntnis zu Heimat und Familie

reagiert Georg Binnet auf die Entscheidung des Erzählers, in Frankreich heimisch zu werden und auf der Pfirsichfarm seines Onkels zu arbeiten, sachlogisch mit den Worten: „Für dich ist es richtig, zu bleiben. Was sollst denn du da drüben? Du gehörst zu uns. Was uns geschieht, geschieht dir." (S. 298) Damit kann man den Balance-Akt, den eine stabile Ich-Identität lebenslang erfordert, als geglückt bezeichnen. Der Erzähler beendet sein falsches Spiel, lebt unter seinem wirklichen Namen in Marseille und findet eine neue Heimat, eine neue Familie, die er bereit ist zu verteidigen: „Ich werde, sobald es zum Widerstand kommt, mit Marcel eine Knarre nehmen." (S. 299) Auf diese Weise gewinnt er den Kern seines Menschseins, seine ureigene Identität, wieder zurück, die ihm in der Flüchtigkeit des Transit-Lebens verloren zu gehen schien. Vor allem die Begegnungen mit Menschen, denen er gelernt hat zuzuhören, haben diese charakterliche Entwicklung möglich werden lassen. Trotz des Verlusts Maries liest sich der Schluss des Romans daher auch nicht wie ein tragisches Ende.

Der Roman „Transit" als biografisch-zeitgeschichtliches Dokument

Biografische Parallelen zwischen Werk und Leben

„Transit" ist ein Roman, der auf zahlreichen realen Erfahrungen beruht, die Anna Seghers in ihrer Zeit des französischen Exils (1933 – 1941) selbst gemacht hat. 1933 flüchtet die jüdisch-kommunistische Dichterin nach Paris, wo sie mit ihrer Familie einige glückliche Jahre verbringt und sich im (intellektuellen) Widerstand engagiert. Nach dem Einmarsch der deutschen Wehrmacht in Paris muss sie im September 1940 in den noch unbesetzten Süden Frankreichs fliehen. Hier verbringt sie in Marseille einige aufregende Monate, die vom Verlust der Heimat, v. a. aber vom häufig absurd anmutenden Kampf um die richtigen Ausreisedokumente geprägt sind. Am 24. März 1941 gelingt Seghers auf dem Frachter „Paul Lemerle“ die Emigration über Martinique, New York und Santo Domingo nach Mexico-City. Im mexikanischen Exil verbringt Seghers sechs Jahre, erst 1947 kehrt sie nach Deutschland zurück.

Informationen zur Entstehung des Romans „Transit“

Diese biografischen Aspekte spiegeln sich im Roman „Transit“ in vielfältiger Weise. Auch nach eigener Aussage der Dichterin hat Seghers bereits während ihrer Zeit in Marseille, also zwischen Herbst 1940 und Frühjahr 1941, mit ihrer Arbeit an dem Roman begonnen: „Das Buch ist in Marseille entstanden, in den erwähnten Cafés, wahrscheinlich sogar, wenn ich zu lange warten musste, in Wartezimmern von Konsulaten, dann auf Schiffen, auch interniert auf Inseln, in Ellis Island in USA, der Schluss in Mexiko.“[1] Während die ersten Skizzen und Grundideen des Romans noch auf dem europäischen Kontinent entstehen, wird er im mexikanischen Exil 1942 fertiggestellt und zuerst 1944 in einem US-Verlag in englischer Sprache publiziert. In deutscher Sprache erscheint der Roman erst 1948. Es ist offen-sichtlich, dass zwischen Seghers’ eigener Lebenssituation zur Zeit der Niederschrift des Manuskripts und dem Romangeschehen zahlreiche inhaltliche Parallelen bestehen. Das Internierungslager in Rouen, aus dem der Erzähler flüchtet, hat beispielsweise sein Vorbild in der Internierung ihres Ehemanns, die Flucht aus Paris in den Süden hat Seghers selbst erlebt, ebenso wie die zahllosen Bemühungen um die notwendigen Ausreisepapiere auf den Konsulaten in Marseille. Es liegt also nahe, den Roman autobiografisch zu deuten.

Fehlschluss: den Roman als Autobiografie deuten

Das würde bedeuten, dass Seghers in ihrem Text die von ihr gemachten Lebenserfahrungen eins zu eins umsetzt und wiedergibt. Eine solche Annahme wäre jedoch grundfalsch. Auch die zahlreichen, hier nur exemplarisch aufgezeigten Parallelen zwischen Leben und Werk legen zwar eine auto-

[1] Anna Seghers: Über Kunstwerk und Wirklichkeit. Band IV. Berlin: Akademie Verlag 1970 – 1979, S. 160

biografische Nähe des Romans nah, dennoch ist er mehr als nur eine Art künstlerische Autobiografie. In einem Interview mit der ihr nahestehenden Autorin Christa Wolf (geb. 1929) betont sie: „Ich habe selbst schon viele biografische Arbeiten geschrieben, aber keine autobiografischen.“[1] Der Unterschied zwischen einer Autobiografie und einem biografisch inspirierten Werk mag kleinlich klingen, ist jedoch von Bedeutung. Seghers lässt sich von eigenen Erfahrungen für ihren Roman inspirieren, und sie ordnet ihn zeitlich in eine ganz bestimmte politische Epoche ein. Dadurch gewinnt er ein hohes Maß an Glaubwürdigkeit, Authentizität und Unmittelbarkeit. Durch ihre künstlerisch-individuelle Ausgestaltung im Detail aber bewahrt der Text seine Unabhängigkeit von der Wirklichkeit und auch vom eigenen Leben. Dies lässt sich am Beispiel des Romanschlusses leicht veranschaulichen. Denn hier entschließt sich der veränderte Erzähler, die Reise ins außereuropäische Exil nicht anzutreten, sondern dem Angebot der Binnets zu folgen und im Marseiller Umland auf einer Obstfarm zu arbeiten. Den deutschen Aggressoren will der Erzähler nun mutig im Widerstand entgegentreten. Dieses überraschende Ende findet keine Entsprechung im Leben der Anna Seghers. Und es lässt sich schlecht dahingehend deuten, dass die Autorin der Meinung ist, die Flucht sei ein Akt der Feigheit vor dem Feind und nur der aktive und bewaffnete Widerstand käme für Exilantinnen und Exilanten infrage. Schließlich hat Seghers für sich und ihre Familie selbst keine andere Überlebenschance gesehen, als nach Mexiko zu flüchten und die geliebte Heimat zu verlassen.

Folge der Verankerung des Romans im Leben: Glaubwürdigkeit

Auch wenn sich der Roman nicht als simple, einem aufregenden Lebensabschnitt der Autorin eins zu eins entsprechende Autobiografie deuten lässt, so ist er doch in jedem

[1] Christa Wolf: Die Dimension des Autors. Essays und Aufsätze, Reden und Gespräche. Band 1. Berlin/Weimar: Aufbau Verlag 1986, S. 280

„Transit“ als Antwort auf den Hitler-Stalin-Pakt

Fall ein zeitgeschichtliches Dokument, das zu realen historischen Begebenheiten Stellung bezieht, insbesondere zum Hitler-Stalin-Pakt 1939. Dieser heimlich abgeschlossene Vertrag zwischen Deutschland und der UdSSR, unterschrieben kurz vor Ausbruch des Zweiten Weltkriegs, verpflichtete beide Vertragspartner zur Neutralität im Falle einer von einem Vertragspartner ausgehenden kriegerischen Aggression, ein Nichtangriffspakt.
Mit der Sicherheit im Rücken, von Russland nicht angegriffen zu werden und damit einen Zwei-Fronten-Krieg zu vermeiden, konnte Hitler seinen Feldzug im europäischen Westen außerordentlich erfolgreich gestalten; der Begriff

Stalin und Hitlers Außenminister Ribbentrop reichen sich am 24. August 1939 nach Unterzeichnung des Nichtangriffspaktes die Hand.

„Blitzkrieg“ bestätigt diese These. Für die politische Linke Europas stellte der Hitler-Stalin-Pakt, der auch eine ökonomische und kulturelle Kooperation beinhaltete, eine moralische Herausforderung dar. Eine Zusammenarbeit zwischen der kommunistischen Sowjetunion und dem ideologischen Feind, dem faschistischen Deutschland, stürzte die politische und künstlerische Intelligenz in Gewissensnöte. Die Kollaboration beider sich eigentlich feindlich gegenüberstehender Großmächte bedeutete daher für die kommunistische Bewegung in ganz Europa eine Legitimitätskrise. Diese Krise gestaltet Anna Seghers in ihrem Roman „Transit“ aus, sie bildet den ideologischen Hintergrund eines der zentralen Motive des Romans: des Imstichlassens. Ganz konkret zeigt sich dieser zeitgeschichtliche, epochale Konflikt schon zu Beginn des Romans, als der Erzähler bei der Familie Binnet Zuflucht findet und von Konflikten am Essenstisch berichtet: „Nur über Russland bekamen wir Streit. Die Hälft der Binnets behauptete, Russland denke bloß an sich selbst, es habe uns im Stich gelassen. Die andere Hälfte der Binnets behauptete, die hiesigen und die deutschen Herren hätten ausgemacht, sie sollten ihr Heer zuerst auf die Russen werfen statt auf den Westen, das eben habe Russland vereitelt.“ (S. 15) Neben dieser direkten Anspielung auf ein konkretes politisches Ereignis gestaltet Seghers das Motiv des Imstichlassens auch in der Figurenanlage des Romans fiktiv aus. Insbesondere die Nebenfiguren des Romans wirken mit Blick auf die Frage der Solidarität wie Antagonisten: Auf der einen Seite stehen die Künstler Achselroth und Strobel. Sie verkörpern den Verrat an den Mitleidenden, der seine Entsprechung in der Unterzeichnung des Hitler-Stalin-Paktes durch die Kommunisten hat. Der moralisch enttäuschende Egoismus des „ausnehmend schöne[n] Bursche[n]“ (S. 18) Achselroth beispielsweise zeigt sich auf der gemeinsamen Flucht aus dem Arbeitslager. Hier steigt Achselroth rücksichtslos in

Debatte im linken Lager: moralisches Dilemma

Widerspiegelung der Realität im Roman: das Motiv des Imstichlassens

Kontrastfiguren spiegeln den Konflikt

ein Auto und rauscht, ohne seinen Kumpanen zuzuwinken, allein von dannen (vgl. S. 19). Vom eitlen Paul Strobel heißt es sogar ausdrücklich, er sei „ein ganz netter Imstichlasser“ (S. 29). Dem gegenüber steht die Figur Heinz. Der kommunistische Widerstandskämpfer ist ein Beispiel für Solidarität, Treue und Verlässlichkeit. Genau in diesen Werten wird er für den Erzähler zum moralischen Vorbild, er wirkt wie ein Werte-Kompass auf dem Weg des Erzählers zu sich selbst. Heinz ist, so beschreibt der bewundernde Erzähler, „davon überzeugt, dass er nie allein war, dass er, wo er auch war, über kurz oder lang auf seinesgleichen stoßen musste […]“ (S. 154).

Heinz als moralisches Vorbild

Damit wird klar, wo sich Seghers politisch positioniert. In der literarisch-künstlerischen Ausgestaltung des Gegensatzpaares Strobel/Achselroth auf der einen und Heinz auf der anderen Seite zeigt sie ihre Ablehnung der Kooperation mit dem Feind, wie sie im Hitler-Stalin-Pakt zum Ausdruck kommt.

Seghers' Ablehnung der Kooperation mit dem Feind

„Transit“ lässt sich also als biografisch inspirierter Solidaritätsroman lesen. Denn das Allein- und Aufsichgestelltsein ist ja nicht nur das Problem der Hauptfigur des Romans, sondern im Grunde die Tragik aller Flüchtlinge oder Transitäre. Sie alle wurden von ihren Mitmenschen im Stich gelassen. Der Ausweg, den Seghers in ihrem Roman für sie ausgestaltet, findet sich nach dieser Lesart im solidarischen Verhalten. Der faschistischen Bedrohung lässt sich nur erfolgreich begegnen, wenn die Menschen zusammenstehen, vor Ort bleiben, statt zu flüchten, heimisch werden und mit ihren Freunden gemeinsame Sache im Kampf gegen den Nationalsozialismus machen.

Prinzip des Widerstands: gemeinsam statt einsam

„Transit“ ist ein Solidaritätsroman

- Anlass ist der Hitler-Stalin-Pakt (1939)
- positive Figur: der Kommunist und Widerständler Heinz
- negative Figuren: die Imstichlasser Achselroth und Strobel
- Entscheidung des Erzählers: Er bleibt am Ende solidarisch.

Mythos und Geschichte: Die allgemein-existenzielle Lesart

Der Roman „Transit“ ist eingebettet in die konkrete historische Situation des Zweiten Weltkriegs. Er verarbeitet – wie beschrieben – auch biografische Erlebnisse und Erfahrungen der Autorin selbst. Dennoch geht er über diese zeitgeschichtliche und biografische Dimension hinaus, indem er Flucht und Vertreibung, Heimatverlust und die Suche nach Geborgenheit als etwas Überzeitliches, Ahistorisches darstellt. Damit ist gemeint, dass diese Themenfelder nicht als singuläre, also historisch einzigartige und mittlerweile abgeschlossene Ereignisse dargestellt werden, sondern als globale Massenphänomene, die im Lauf der Geschichte der Menschheit immer wieder auftreten und demnach einen periodischen Charakter aufweisen. Homers „Odyssee“ ist ein Jahrtausende altes Epos (entstanden im späten 8. oder 7. Jh. v. Chr.), das die Geschichte eines Menschen erzählt, der den Krieg in der Ferne erlebt und verzweifelt versucht, zurück in seine Heimat in den Schoß der geliebten Familie zu gelangen. Mitte des 20. Jahrhunderts erzählt Anna Seghers in „Transit“ ebenfalls von kriegsverstörten und heimatlosen Menschen auf der Suche nach lebensrettendem Asyl. 2015 verarbeitet Jenny Erpenbeck (geb. 1967) in ihrem Roman „Gehen, ging, gegangen“ Fluchterlebnisse aus ihrer eigenen Familiengeschichte. Alle drei Werke dienen hier als Beispiele für die immerwährende Aktualität und Bedeutung des Themas Flucht und Heimatverlust. Die Suche nach Sicherheit und Geborgenheit im Umkreis von

Flucht und Asylsuche als überzeitliche, ahistorische Themen

Beispiele aus der Literaturgeschichte: Homer, Seghers und Erpenbeck

Freundschaft und Familie ist eine Grundkonstante in der Erfahrungswelt aller Menschen. Sie lässt sich nicht eingrenzen auf die Zeit des Zweiten Weltkriegs.

Methode: Einbau einer mythischen Handlungebene

Diese Einsicht wird im Roman „Transit“ durch die Installation einer mythischen Handlungsebene transportiert, welche die Realitätsebene an der Oberfläche der konkreten historischen Situation zu Beginn des Zweiten Weltkriegs ergänzt. Mythologie und Geschichte dienen Seghers im Roman „Transit“ als überzeitliche Bezugsgrößen. Dafür entwickelt sie „mythologische Pendants zu den Romangestalten auf der Realitätsebene“[1]. Die konkreten Erfahrungen, die die Figuren des Romans in Marseille machen, werden durch diese mythologische Ebene überhöht und erhalten einen allgemein-existenziellen Charakter. Wie aber lässt sich diese generelle Behauptung textnah nachweisen?

Vor allem ein genauer Blick auf die Geschichte des namenlosen Erzählers hilft hier weiter: Auf seiner Suche nach Heimat und Identität mischen sich zeitgenössische Realität, Innenwelt und mythologische Metaebene. Der unzuverlässige, wankelmütige Erzähler beschreibt und deutet seine Erlebnisse an zahlreichen Stellen, indem er mythologische, märchen- und sagenhafte sowie biblische Bezugstexte heranzieht. Bestimmte zeitgeschichtliche Vorgänge erhalten so ein existenzielles Momentum. Anders als er selbst von sich behauptet, kann der Erzähler nur als humanistisch gebildeter Mensch begriffen werden, verfügt er doch über ein umfassendes antikes Wissen, das er zitiert, wann immer er es für notwendig erachtet. So beschreibt er beispielsweise Mexikaner als ein „Volk von Zyklopen“ (S. 32), seine Zimmernachbarin als eine Art „Diana der Konsulate“ (S. 214) und die Abfahrtsversuche des Kapellmeisters wie die endlosen Qualen des Sisyphos (vgl. S. 140 f.).

Mythologische Fachkenntnisse des Erzählers dienen zur Kommentierung des Geschehens

[1] Hans-Albert Walter: Anna Seghers’ Metamorphosen – Erkundungsversuche in einem Labyrinth. Frankfurt a. M.: Büchergilde Gutenberg 1985, S. 93

Ähnlichkeiten des Erzählers mit Homers Figur Odysseus

In seiner Anlage erinnert der Erzähler oftmals an die mythische Figur Odysseus, mit dem ihm die Rast- und Ruhelosigkeit des in der Ferne herumirrenden Wanderers verbindet. Anders als sein literarisches Vorbild kehrt er aber nach dem Ende seiner Irrfahrten nicht in seine alte Heimat zurück, sondern entschließt sich, in der Fremde zu bleiben und sie zu seiner neuen Heimat zu machen. Sowohl die Irrfahrt des Erzählers als auch die des Odysseus lassen sich als archetypisches Schicksal, als menschliche Grunderfahrungen lesen, die auch in über 2000 Jahren kaum eine Veränderung erfahren haben. Dem Psychoanalytiker C.G. Jung (1875 – 1961) zufolge kann man Archetypen als überzeitliche Wahrheiten verstehen, die im kollektiven Gedächtnis („kollektiven Unbewussten“) seit ewigen Zeiten über die Generationen hinweg als innere Bilder aufbewahrt werden. Die zahlreichen Anspielungen des Erzählers auf Mythen offenbaren nach dieser Lesart „uralte Muster von immer wiederkehrenden Menschheitserfahrungen, die sich in Träumen und Fantasien des Einzelnen manifestieren“[1].

Archetypische Grund-erfahrungen der Menschheit

Zwei Ebenen des Romans: Realität und Mythos

So wie der Erzähler an Odysseus erinnert, kann der gesamte Roman als Odyssee, als Geschichte einer Irrfahrt interpretiert werden.[2] Heimatlos wie Odysseus irrt der Erzähler umher, landet zuerst in Paris, später im fremden Marseille. Hier sucht er nach Identität und einer gültigen Form des weiteren Lebens.

---

[1] Hans-Georg Wendland: Der Roman ‚Transit' von Anna Seghers. Teil II. Norderstedt: GRIN 2016, S. 8

[2] Vgl. https://trapp-exil.jimdo.com/app/download/5789188159/(91)+Texte+26+-+Anna+Seghers+Transit.pdf?t=1487686945 (Aufruf: 28.09.2021).

Verschränkung von Mythos und Realität: Zwei Ebenen im Roman

Odysseus in Homers Epos kämpft in der Ferne im Krieg, hat Sehnsucht nach der Heimat und will zur Familie zurückkehren (ca. 8. Jh. v. Chr).

Der **Erzähler** im Roman „Transit" befindet sich in Kriegszeiten fern der Heimat, sucht Asyl und Geborgenheit und wird am Ende in Frankreich sesshaft (Mitte des 20. Jh.).

In einer ähnlichen Situation der Heimat- oder Obdachlosigkeit muss Odysseus in dem Epos in den Hades (Unterwelt) hinabsteigen, um sein Ziel zu erkennen und die Ziellosigkeit zu überwinden. Dort prophezeit ihm der blinde Seher Teiresias die Zukunft, was Odysseus aktiver werden lässt. Dem entspricht in „Transit" der Abstieg des Erzählers in die Krypta der Kirche Saint-Victor. In einer geheimnisvollen, unterirdischen Messe werden ihm hier vom Priester die Leviten gelesen, der Mann Gottes prangert „Feigheit", „Verlogenheit" und „Todesangst" an (S. 106). Das zeigt eine Wirkung beim Erzähler, die dem Verhalten des Odysseus in der Sage ähnelt: Der Erzähler schöpft neuen Lebensmut und gewinnt neue Hoffnung in der Fremde: „Ich rang nach Atem. Ich wollte nicht auf dem Meeresgrund leben, ich wollte dort oben zugrunde gehen mit meinesgleichen. Ich stahl mich hinaus. Die Luft war kalt und klar. Die Sintflut hatte aufgehört." (S. 107) Bereits hier zeigt sich, dass der Erzähler am Ende eine solidarische Grundhaltung einnehmen und im Widerstand gegen den faschistischen Aggressor aktiv werden wird. Als Odysseus von Polyphem[1] Auskunft über seinen Namen geben soll, antwortet dieser mit „Niemand". Als ein solcher Niemand, dem allerdings verschiedene falsche Identitäten zugeordnet werden, bewegt sich auch der Erzähler auf den Straßen, in den Konsulaten, Behörden und Cafés der Stadt.[2]

Aktuelle Verfilmung des überzeitlichen Stoffes der Odyssee Homers

Ganz wie sein antikes Vorbild im Mythos betrauert auch der Erzähler sein vermeintliches Schicksal: „Verzweiflung überkam mich, Verzweiflung und Heimweh. Mich jammerten meine siebenundzwanzig vertanen, in fremde Länder verschütteten Jahre." (S. 96) Erst Odysseus' Entschluss, nach Ithaka[3] zurückzukehren, beendet den Zustand des Transitären, Unbestimmten, Unsicheren und wirkt wie eine existenzielle Wende. Diese Wende findet sich auch in der Biografie des Erzählers im Roman „Transit", die erst mit dem Entschluss, das Schiff in die Fremde nicht zu besteigen, sondern in Südfrankreich sesshaft zu werden, festen Boden gewinnt:

---

[1] einäugiger Riese (Zyklop) in der griechischen Mythologie
[2] Vgl. Hans-Albert Walter: Anna Seghers' Metamorphosen – Erkundungsversuche in einem Labyrinth. Frankfurt a. M.: Büchergilde Gutenberg 1984, S. 11–28.
[3] Insel vor der Westküste Griechenlands, Heimat des Odysseus

„Ich will jetzt Gutes und Böses hier mit meinen Leuten teilen, Zuflucht und Verfolgung." (S. 299)

Insgesamt können beide Irrfahrten als archetypisches Schicksal gedeutet werden, das sich im Verlauf der Menschheitsgeschichte kaum verändert hat und immer wiederholt. Seghers legt die hier en détail aufgezeigten Bezüge selbst offen: „Die Odyssee ist auch heute noch das Symbol für alle Art Emigration, obwohl seit Homer ein paar tausend Jahre vergangen sind."[1] Dies ist für die Literaturwissenschaftlerin Koh der poetologische Grund für Seghers' „Mythenbastelei" oder auch „Bricolage". Damit definiert sie ein Verfahren, mit dessen Hilfe die Dichterin ihre „eigenen literarischen Paläste aus den Trümmern alter Mythen errichtet"[2]. Wie eine Bastlerin – nicht zufällig ist auch der Erzähler des Romans von Beruf aus Monteur – bedient sie sich des vorhandenen literarisch-kulturellen Bestands, funktioniert diesen um und arrangiert ihn nach Bedarf neu.

Verfahren Seghers': „Mythenbastelei" und „Bricolage"

Die literaturwissenschaftliche Forschung hat die Existenz dieser mythischen Handlungsebene in „Transit" detailliert auch an weiteren Romanfiguren nachgewiesen:

Weitere mythische Entsprechungen in der Figurenanlage: Weidel und Marie

So finden der Dichter Weidel und seine nach ihm suchende Gattin Marie ihre mythischen Bezugsfiguren in Amor und Psyche, die in dem antiken Roman „Metamorphosen" des römischen Dichter Apuleius (ca. 125 – 180 n. Chr.) als märchenhafte Figuren vorkommen.

Kapellmeister

Die immer verzweifelter werdenden Abfahrtsversuche des Kapellmeisters erinnern an die Qualen des Sisyphos, der im Epos einen Stein den Berg heraufwuchtet und diesen kurz vor Erreichen des Gipfels immer wieder zurückrollen lassen muss.

---

[1] Maeng-Im Koh: Mythos und Erzählen im Werk von Anna Seghers. Würzburg: Königshausen & Neumann 2005, S. 22

[2] Ebd., S. 35

„Der wandernde Jude“ von Gustave Doré (undatiert)

Legionär

Der ordengeschmückte kleine Legionär, der dem Erzähler seine Flucht schildert, erleidet ein Schicksal wie Mose aus der alttestamentarischen Erzählung vom Auszug der Hebräer aus Ägypten. Wie Mose zieht er durch die „Wüste“ (S. 230) auf der Suche nach einer neuen Heimat und kämpft gegen verschiedene Armeen bei dem Versuch der Landnahme. Explizit fühlt er sich an den Exodus des Mose erinnert: „Mir dünkte es vierzig Jahre lang wie in der Bibel.“ (S. 231)

Mittransitär

Die Biografie des Mittransitärs zeigt deutliche Gemeinsamkeiten mit der Gestalt des Ahasver in der Sage vom „Ewigen Juden“, historisch häufig von Antisemiten propagandistisch missbraucht.

Dieser Sage nach hatte Ahasver dem gemarterten Jesus auf seinem Weg zum Kreuz verboten, an der Schwelle seines Hauses auszuruhen. Für dieses unmenschliche Verhalten wird er dazu verurteilt, ewig rastlos umherzuziehen und nie mehr nach Hause zu gelangen. Diese Erzählaspekte finden sich auch im Leben des kahlköpfigen Mittransitärs, der am Ende von seiner rastlosen Suche nach Heimat so erschöpft ist, dass er aufgibt und dem Erzähler sein Ticket für die Überfahrt in die neue Heimat aushändigt (vgl. S. 277). Er gibt auf, weil er sich „dreißig Jahre in allen möglichen Ländern herumgetrieben“ (S. 281) habe, „in einer

Zeit, in der es üblich war, in seinem eigenen Land Bäume zu pflanzen" (S. 281).

Zyklisches Geschichtsbild der Autorin

Die zahlreichen mythischen Entsprechungen, die sich im Roman „Transit" für einige Figuren des Romans nachweisen lassen, verdeutlichen das zyklische Geschichtsbild der Autorin, dass sich innerhalb eines geschichtlichen Prozesses alles wiederholt. Damit stellt sie sich als Mitglied der kommunistischen Partei gegen den marxistischen Fortschrittsglauben. Dafür hat Seghers vor allem im Rahmen der sog. „Expressionismus-Debatte" von linker Seite starke Kritik erfahren. Im Kern ging es dabei um die Frage, wie bzw. auf welche Weise ein antifaschistischer Schriftsteller zu schreiben habe. Der ungarische Literaturtheoretiker Georg Lukács (1885–1971) formuliert das Ziel, dass sich die Literatur am sog. „sozialistischen Realismus" zu orientieren habe. Nur ein volkstümlicher Stil, der sich an die Lebenswelt der ausgebeuteten Gesellschaft anlehne, könne von den Massen der Leser und Leserinnen verstanden und nachvollzogen werden. Modernistische, z. B. expressionistische Kunstformen, für deren Verständnis spezifisches Vorwissen nötig ist, lehnte Lukács vehement ab. Anna Seghers verstand sich Zeit ihres Lebens als antifaschistische Dichterin. Dennoch wandte sie sich gegen diesen Versuch, das Schreiben der Schriftsteller und Schriftstellerinnen zu normieren, weil sie (zurecht) befürchtete, dass eine ästhetisch derart formal eingeschränkte Kunst ihre dichterischen Ausdrucksformen zu sehr beschränken würde. Kunst würde so ihre Vielfalt und ihren Pluralismus verlieren, sie drohe entzaubert zu werden. Genau dieser Pluralismus und die Vielfalt an Anspielungen und Verweisen zeigt sich im Roman „Transit" auf der mythischen Handlungsebene, die nach den Vorgaben eines sozialistischen Realismus keine Legitimität besitzt, von Seghers aber vehement verteidigt wird.

Expressionismus-Debatte

Seghers' Kampf um künstlerische Autonomie

Sprache und Erzählen

Anna Seghers war in der Zeit des Kalten Krieges, als Deutschland aus zwei Staaten bestand (BRD und DDR), eine im Westen umstrittene Dichterin, während sie im Osten als Vorzeigepoetin gefeiert und verehrt wurde. Die Kritik an der ideologischen Ausrichtung der Autorin richtete sich in Westdeutschland vor allem auf die Einseitigkeit ihrer literarischen Botschaften und ihre öffentliche Nachsicht mit den Schattenseiten der ostdeutschen Diktatur. In der Folge wurde sie von der westdeutschen kulturell-literarischen Intelligenz ignoriert, Seghers wurde im Westen über Jahrzehnte hinweg nicht mehr gelesen.

Kampf um die Deutungshoheit im Westen und Osten Deutschlands

Die Kritik an der Autorin betrifft dabei weder ihre zwei größten Romane – „Das siebte Kreuz" und „Transit", die die eher zeitlosen Themen von Flucht und Asyl umkreisen – noch die sprachlich-ästhetische Qualität ihrer Texte. Sprachlich und stilistisch gilt und galt Seghers bis heute als Ausnahmetalent.

Unumstrittene ästhetische Qualität der Sprache Seghers'

Für „Transit" ist dabei insbesondere der mündliche Stil des Romans bemerkenswert, mit dem es der Autorin gelingt, ihren Figuren Glaubwürdigkeit und Authentizität zu verleihen. Der Roman hat nur einen Erzähler, doch ungleich mehr Stimmen der Transitären kommen in zahlreichen Dialogen zu Wort, sodass man von einer Polyphonie des Textes (Vielstimmigkeit) sprechen kann. Die Erzählperspektive des Romans ist sowohl von der Innen-, als auch von der Außensicht geprägt. Es vergeht kaum ein Abschnitt, in dem der Erzähler das von ihm beobachtete Geschehen (Außensicht) nicht kommentiert und bewertet (Innensicht). Insgesamt kann man sogar von einer leichten Dominanz der Innensicht sprechen, da viele Sequenzen des Romans äußerlich handlungsarm erscheinen, während es im Kern um Selbstfindungsprozesse des Protagonisten geht, der auf der Suche nach Identität ist. Seine innere Zerrissenheit wä-

Mündlichkeit

Vielstimmigkeit des Textes durch zahlreiche Dialoge

Erzählperspektive: Innen- und Außensicht

re nicht sichtbar zu machen, würde sich Seghers erzählperspektivisch auf die Außensicht begrenzen.

Erzählform: Ich-Erzählung

Der Erzählform nach handelt es sich um eine Ich-Erzählung. Der Leser/Die Leserin oder der Zuhörer/die Zuhörerin erfährt das vergangene Geschehen ausschließlich aus seinem/ihrem (subjektiven) Mund und muss dabei immer auf der Hut sein, das Erzählte nicht für bare Münze zu nehmen, sondern als individuell gefärbten Bericht zu begreifen, der unter Umständen der Überprüfung bedarf. Ein personaler Ich-Erzähler kommt weniger glaubwürdig daher als ein allwissender, der Seghers' Protagonist nicht ist. Zu häufig wird er von den Geschehnissen selbst überrascht und sogar mitgerissen, als dass man davon ausgehen könnte, er würde über seinen Erzählgegenstand souverän verfügen.

Erzählverhalten: personal

Reportage

Der Roman kommt in einer Art Reportage daher, die von dem Erzähler einem unbekannten Gegenüber dargeboten wird. Die Erzählung – überwiegend im epischen Präteritum verfasst – wird dabei häufig unterbrochen von Gesprächssituationen. Die Wiedergabe dieser Gespräche in Dialogform dramatisiert das Geschehen, lockert den als Monolog vorgetragenen Bericht des Erzählers auf und erleichtert die Lektüre des umfangreichen, 300-seitigen Romans: „‚Wo kommst du her?', fragten wir beide. Heinz sagte: ‚Ich bin von oben her nach Marseille hereingefahren, vor deinen Augen ausgestiegen. Denn ich muss zuerst auf das mexikanische Konsulat.' Ich erklärte ihm, das Konsulat sei auf ein paar Tage geschlossen." (S. 84) Der Leser bzw. die Leserin wird hier nicht von einem allwissenden Erzähler bevormundet, sondern er/sie hat als Zuhörer/Zuhörerin einfach Teil an einem Gespräch, über das er/sie sich seine/ihre eigenen Gedanken machen kann. Das Erzählverhalten ist in diesen szenischen Sequenzen, eher neutral, in den monologischen Episoden eher personal, da vom Erzähler vorgetragen. Den Eindruck des Lesers bzw. der Leserin, in die Handlung hineingezogen und persönlich adressiert zu werden, verstärkt Seghers

Dramatisierung durch Dialogform

Einbezug des Zuhörers/der Zuhörerin bzw. des Lesers/der Leserin

durch einen erzähltechnischen Trick, der sich v. a. im ersten Drittel des Textes findet. Der anonyme Zuhörer in der Marseiller Pizzeria – und mit ihm die Leserin bzw. der Leser – wird direkt angesprochen und auf einen bestimmen Aspekt aufmerksam gemacht: „Sie kennen ja selbst das unbesetzte Frankreich aus dem Herbst 1940." (S. 38)
Aber auch in den längeren Abschnitten, die ohne Dialoge auskommen und von dem sachlichen Bericht des Erzählers geprägt sind, wirkt das Erzählte lebendig und anschaulich. Spannung kommt auf, indem einzelne Tempuswechsel die Leserin/den Leser aus der Erzählvergangenheit in die Gegenwart stoßen. So beschreibt der Erzähler schon zu Beginn seine aufregende Flucht wie folgt: „Wir mussten englische Munitionsschiffe ausladen. Wir wurden furchtbar bombardiert. Die deutschen Flugzeuge kamen so tief, dass ihre Schatten uns streiften. Damals verstand ich, warum man sagt: unter dem Schatten des Todes. Einmal <u>lade</u> ich mit einem Jungen aus, er <u>heißt</u> Fränzchen, sein Gesicht <u>ist</u> so weit weg von meinem wie jetzt ihres. Es <u>ist</u> sonnig, es <u>rauscht</u> in der Luft. Da <u>hebt</u> Fränzchen sein Gesicht. Da <u>sticht</u> es schon tief herunter, sein Gesicht <u>wird</u> schwarz von dem Schatten. Tschuk, es <u>schlägt</u> neben uns ein. Sie kennen das alles genauso gut wie ich selbst. Schließlich hatte auch alles sein Ende." (S. 7 f., Hervorhebungen, T. S.) Die an sich schon spannende Situation eines Luftangriffs wird dadurch verstärkt, indem der Erzähler urplötzlich ins Präsens wechselt.

Spannungsaufbau durch Tempuswechsel

Seghers verfährt also so, dass sie ihren Erzähler häufig sachlich berichten lässt. Dabei fallen die vielen parataktischen Passagen ins Auge, wie z. B.: „Wie war die Welt in diesem Jahr gealtert. Alt sah der Säugling aus, grau war das Haar der stillenden Mutter […]." (S. 38) Dann aber unterbricht Seghers dieses eher ruhige Erzählen, indem sie szenisch-dialogische Sequenzen einschiebt, die oftmals im Präsens dargestellt werden. Dieses erzähltechnische Verfahren kann als filmische Mischtechnik charakterisiert werden. Am Ende

Parataxe: häufige Reihung von einfachen Hauptsätzen

Filmische Mischtechnik

kehrt der Erzähler wieder in die Vergangenheitsform zurück, was eine wechselnde Distanz zum Geschehen erzeugt. Zugleich veranschaulicht die Lautmalerei („Tschuk“) den Einschlag der Granate und die lebensbedrohliche Situation.

Umgangssprache erhöht Glaubwürdigkeit des Erzählten

Zur Glaubwürdigkeit des Erzählten trägt auch die Verwendung umgangssprachlicher Formulierungen bei. Statt zu fliehen, „türmt“ (S. 9) der Erzähler aus einem deutschen Konzentrationslager, und die Züge in den Süden sind nicht einfach überfüllt, sondern „vollgepfropft mit Soldaten in verkommenen Uniformen“ (S. 38), und Passagiere „schmoren“ (S. 5) in der Sahara. Seghers legt den Menschen Worte in den Mund, die der Alltagssprache entstammen und die dadurch glaubhaft und unmittelbar wirken, also eine große Nähe zur Leserin/zum Leser bzw. Publikum aufweisen.

Widerspruch in der Anlage des Erzählers

Für den Erzähler gilt diese Feststellung nicht immer. Auch wenn er vorgibt, noch „nie ein Buch zu Ende gelesen“ (S. 26) zu haben, und in einem Handwerksberuf als Monteur ausgebildet wurde, handelt es sich trotzdem um einen umfangreich gebildeten Menschen. Sehr häufig kommentiert er das von ihm beobachtete Geschehen in beißender Ironie und nutzt dabei sprachliche Bilder, die Auskunft geben über seinen kulturellen Hintergrund. Viele mythologische, biblische und historische Metaphern und Symbole, häufige Alliterationen und Vergleiche sollen dabei die Zusammenhänge des Geschehens verdeutlichen, gleichzeitig geben sie Auskunft über die emotionale Verfassung des Erzählers, die anfangs von Desillusion, Sarkasmus und Gleichgültigkeit geprägt ist, später von zunehmender Empathie und Mitgefühl.

Abwechslungsreichtum der sprachlichen Bilder

Die Sprache des Erzählers

Personifikation/ Symbol

Beispiel I: „Nun war das Hakenkreuz auch über sie gekommen.“ (S. 33)
Definition: Personifikation des NS-Symbols
Wirkung und Funktion: Das Symbol des Hakenkreuzes gerät hier durch seine Personifikation in Bewegung. Die vor

dem Konsulat stehenden Menschen bemerken die Bedrohung, die von der deutschen Wehrmacht für ihr Leben und ihre Zukunft ausgeht.

Beispiel II: „Bin ich denn schon solchermaßen von dem Gewimmel angesteckt, dass ich mitwimmeln muss?" (S. 117)
Definition: Rhetorische Frage
Wirkung und Funktion: Der Erzähler wertet durch seine Frage, auf die er keine Antwort erwartet, das aufgeregte Verhalten der Flüchtlinge ironisch ab.

Rhetorische Frage

Beispiel III: „Der Untergang der Welt stand bevor, morgen, heute Nacht, sofort." (S. 8)
Definition: hyperbolischer Klimax
Wirkung und Funktion: Ankündigung der NS-Herrschaft in Frankreich durch Übertreibung sowie den rückwärts formulierten Countdown

Steigerung

Beispiel IV: „Frieden und Ruhe legten sich augenblicklich auf mein gejagtes Herz." (S. 165)
Definition: Metapher
Wirkung und Funktion: Die Metapher verdeutlicht die besondere Rolle, die Marie für den Erzähler spielt.

Metapher

Beispiel V: „Ich hätte angenommen, dass sie inzwischen verbrannt seien, wenn mich nicht die Erfahrung belehrt hätte, dass Papier viel schwerer verbrennt als Metall und Stein." (S. 40)
Definition: paradoxer Vergleich
Wirkung und Funktion: Betonung der Macht der von der inhumanen Ausreisebürokratie ausgestellten Dokumente, ohne die die Exilantinnen und Exilanten dem Tode geweiht sind

Paradox

Beispiel VI: „[I]ch sah die Herren der Welt hochkommen und verwesen." (S. 13)
Definition: Antithetik

Gegensatz

Wirkung und Funktion: Hoffnung auf die Niederlage der deutschen Faschisten, die momentan den Ton angeben

Reihung

Beispiel VII: „[...] ich wusste auf einmal [...], dass ich immer noch da war, dass ich nicht verloren gegangen war, in keinem Krieg und in keinem Konzentrationslager, in keinem Faschismus, in keinem Herumgeziehe, in keinem Bombardement, in keiner Unordnung, wie gewaltig sie auch gewesen war [...]." (S. 84)
Definition: Akkumulation
Wirkung und Funktion: Selbstberuhigung und -vergewisserung des Erzählers angesichts der vergangenen und gegenwärtigen Gefahren für Leib und Leben im Angesicht des Todfeindes

Die Verfilmung: „Transit" von Christian Petzold (2018)

Positive Kritik des Films

Der renommierte deutsche Regisseur und Drehbuchautor Christian Petzold (geb. 1960) hat den Roman von Anna Seghers 2018 verfilmt. Sein von der Filmkritik hochgelobtes Drama ist dabei keine typische Literaturverfilmung, die sich eins zu eins an die Romanvorlage hält, sondern eine mutige Adaption, die einige bedeutende Veränderungen vornimmt.

Unterschiedliche Erzählperspektiven

Schon zu Beginn wird klar, dass sich die Erzählperspektiven unterscheiden, denn während Seghers' Geschichte von einem anonymen Erzähler selbst berichtet wird, muss Petzolds Film schon aus erzähltechnischen Gründen die Ich-Perspektive aufgeben. Stattdessen erfindet Petzold einen Erzähler in Person des Barkeepers, dem der Protagonist Georg offenbar seine Geschichte erzählt haben muss. Ein Indiz dafür ist die Tatsache, dass dieser am Ende das Manuskript des Dichters überreicht bekommt. Die Worte des

Barkeepers legen sich dafür an zahlreichen Stellen in Form eines Voiceovers[1] über die Handlung, einer für einen Film ungewöhnlichen Erzähltechnik, derer sich Petzold hier bedient.

Voiceover

Die entscheidende Veränderung zum Roman ist aber die Verlegung der Geschichte eines jungen Deutschen, der bei Seghers während des Zweiten Weltkriegs vor den nach Frankreich einrückenden Deutschen nach Marseille flieht, in die Gegenwart. Dennoch bleiben einige Aspekte des Romans erhalten, z. B. die Bedrohung des Flüchtlings durch die herannahenden „Faschisten“. Von der deutschen Wehrmacht ist hier nicht die Rede, die Zuschauerin/der Zuschauer fühlt sich aber an die bei Seghers eindeutig benannten Gegner, Deutschland und die Gestapo, erinnert. Der Film spielt dabei keineswegs ausschließlich in der Gegenwart. Es gibt in alter Sütterlin-Schrift verfasste Briefe, auch Pässe, Visa und Transitpapiere werden als historische Dokumente dargeboten, und die Kleidung der Figuren ist eher altmodisch. Viel mehr historisierende Kulisse erlaubt sich Petzold jedoch nicht. Schon die Wartenummern auf dem mexikanischen Konsulat erscheinen digitalisiert und brechen die kurzzeitige Illusion der Zuschauerin/des Zuschauers, sie/er könne sich in den 1940er-Jahren in der Zeit des Zweiten Weltkriegs befinden. Diese erzählerischen Besonderheiten des Films sorgen für eine beabsichtigte Irritation aufseiten des Zuschauers bzw. der Zuschauerin. Während eine klassische Literaturverfilmung darauf setzt, die Vorgaben der Romanvorlage möglichst textnah umzusetzen, erhält die Geschichte, die Gegenwart und Vergangenheit miteinander verschränkt, auf diese Weise eine neue Dynamik, die eigene Interpretationsansätze benötigt und den Zuschauer/die Zuschauerin irritiert und herausfordert.

Verlagerung in die Gegenwart

Verschränkung von Gegenwart und Vergangenheit

Wirkung: Irritation der Zuschauerin/des Zuschauers

[1] Tonaufnahme einer Stimme, die über eine Filmszene gelegt wird, z. B. kommentierend

Unterschiede

Ein Blick auf die Unterschiede zwischen Buch und Film macht dies deutlich: Petzolds Protagonist trägt den Namen Georg, während der Erzähler im Roman von Anna Seghers namenlos auftritt. Die Entscheidung, seinem Protagonisten einen Namen zu geben, sorgt dafür, dass die Figur plastischer wird und dem Zuschauer/der Zuschauerin emotional näherkommt. Der Film beginnt mit einer Action-Szene, in der der Flüchtling Georg in Paris in eine Polizeirazzia gerät. Da er sich illegal in der Stadt aufhält, muss er fliehen.

Beispiel: Eingangsszene/ Eröffnung

Das Irritierende an der spannenden Eingangsszene, die die Zuschauerin/den Zuschauer in ihren Bann zieht, ist dabei die Tatsache, dass die Polizisten keine historischen Kostüme tragen, sondern wie eine moderne Anti-Terror-Einheit ausgestattet sind. Auch rennt Georg auf seiner erfolgreichen Flucht nicht durch das Paris der 1940er-Jahre, sondern durch das des 21. Jahrhunderts, vorbei an mit aktuellen Graffitis beschmierten Häuserwänden und über Straßen, auf denen moderne Autos fahren. Bis auf die altmodisch anmutende Kleidung des Helden verzichtet Petzold also schon in seiner ersten Szene auf alles, was einen typischen Historienfilm ausmacht, sodass die Zuschauerin/der Zuschauer die Handlung zwangsläufig in ih-

Georg (Franz Rogowski) auf den Straßen des heutigen Paris

rer/seiner eigenen Gegenwart verortet. Übrig bleibt der Eindruck von einem autoritären Polizeistaat, der die schutzlosen Bürgerinnen und Bürger überwacht, bedroht und verfolgt. Es entsteht der Eindruck einer Dystopie.[1]

Eindruck: Dystopie

Schneller als im Roman gelingt dem Protagonisten dann die Flucht nach Marseille; er fährt mit Heinz, einem alten Freund, in der Bahn und liest im Manuskript Weidels. In Marseille stirbt sein Freund Heinz, der Vater von Driss und Freund Melissas, einer Migrantin aus dem Maghreb, die in der Vorlage des Romans nicht angelegt sind, im Drehbuch Petzolds aber im weiteren Verlauf eine zentrale Bedeutung erlangen. Mit der Übernahme der Identität Weidels wird im Film wie auch im Roman das Wechselspiel der Identitäten in Gang gesetzt. Georg gibt sich als jemand aus, der er nicht ist, weil er sich Vorteile davon erhofft. Doch die Parallelen enden schnell, denn kaum in Marseille angekommen, findet sich der Zuschauer/die Zuschauerin mit Georg in Marseille des 21. Jahrhunderts wieder: Moderne Kreuzfahrtschiffe stehen im Hafen neben bekannten Containerkränen, aktuelle Renault-Modelle fahren auf den Straßen und moderne Werbetafeln prägen die Stadt, in der sich Georg vor den Faschisten verstecken möchte.

Neue Figuren: Driss und Melissa

Ein neuer, im Roman nicht existenter Handlungsstrang schließt sich an: Georg überbringt die Nachricht des Todes seines Freundes Heinz deren Freundin Melissa und ihrem Sohn Driss, die in einem typischen Einwandererviertel am Rande der Stadt wohnen. Auf seinem Weg zu den beiden begegnet ihm erstmalig Marie, die in einem schwarzen Kleid wie eine Art Phantom durch die Stadt geistert und Georg offenbar mit jemanden verwechselt, den sie sucht.

Neuer Handlungsstrang

Begegnung mit Marie

Der Film folgt im weiteren Verlauf ab dieser Stelle im Großen und Ganzen dem Handlungsgerüst des Romans, wobei er zahlreiche kleinere Elemente ausspart. Beispielsweise

[1] eine in der Zukunft spielende Geschichte mit negativem Ausgang

Marie (Paula Beer) verwechselt Georg (Franz Rogowski) mit ihrem Mann.

fehlt die kurze Liebesaffäre, die der Erzähler im Roman mit der attraktiven, aber oberflächlichen Nadine hat, ebenso wie die symbolische Geschichte des kahlen Mittransitärs, der im Roman für den Erzähler als warnendes Beispiel dient. Der Film hat eine Dauer von gut 90 Minuten, während die Erzählzeit des über 300-seitigen Romans etwa sechs bis acht Stunden beträgt. So ist es zwangsläufig, dass Petzold in seinem Drehbuch Kürzungen und Änderungen vornehmen muss.

Handlungsablauf: Liebesgeschichte

Diese betreffen den Kern der Liebesgeschichte rund um den Erzähler, Marie und den Arzt noch am wenigsten. Sie bleibt in ihrer Grundstruktur erhalten und prägt den Handlungsablauf.

So wie zahlreiche kleinere Flüchtlingsgeschichten des Romans sich im Film nicht mehr wiederfinden, so erfindet Petzold einen Handlungsstrang nahezu vollständig hinzu: Neben der Liebesgeschichte ist es der Erzählstrang um Melissa und Driss, der für neue Akzente sorgt: Der junge Driss, der gerade seinen Vater Heinz, den Freund des Protagonisten, verloren hat, zeigt sich von Beginn an anhänglich. Er ähnelt mit seiner Zuneigung zu Georg dem Jungen der Fa-

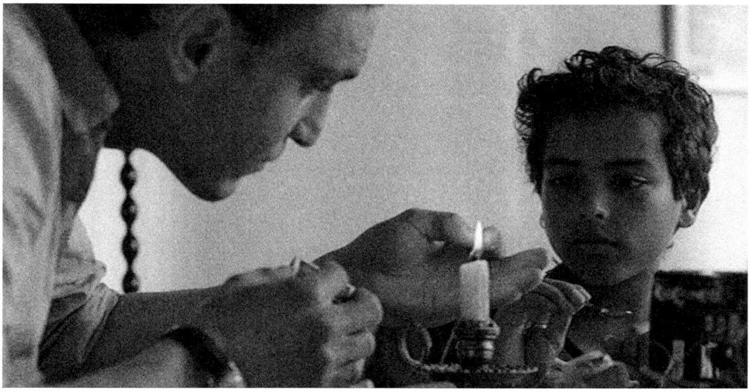

Georg und Driss reparieren das kaputte Radio und hören das „Abendlied“.

milie Binnet im Roman. Mit Georg teilt er – Fan von Borussia Dortmund – das gemeinsame Interesse am Fußball und die beiden spielen vor der Wohnung der Familie. In einer zentralen Szene des Films, die keine Entsprechung im Roman hat, repariert Georg das nicht mehr funktionierende Radio Driss', der ihm assistiert. Wie Vater und Sohn arbeiten die beiden konzentriert und leise zusammen. Für diesen kurzen Augenblick scheint die durch den Tod Heinz' zerstörte Familie wiederhergestellt.

Schlüsselszene des Films, die im Roman nicht vorkommt

Aus dem wieder funktionierenden Gerät ertönt ein Kinderlied, das Georgs sonst harte Gesichtszüge plötzlich weich und freundlich erscheinen lässt. Das „Abendlied“ von Hanns-Dieter Hüsch erinnert ihn, wie er dem verwunderten Driss erklärt, an seine Kindheit, in der ihm seine Mutter dieses Lied vor dem Einschlafen vorgesungen habe:

Schmetterling kommt nach Haus
Kleiner Bär kommt nach Haus
Känguru kommt nach Haus
Die Lampen leuchten – der Tag ist aus.

Das mit einfacher, kindlich-naiver Melodie vorgetragene Lied gewinnt in diesem Moment symbolische Bedeutung für Georg. Es erinnert ihn an das, was er verloren hat: Heimat, Familie und Geborgenheit. So wie es im Liedtext völlig natürlich erscheint, dass in der Dunkelheit die Kreaturen nach Hause kommen und dort Schutz suchen, so wäre es auch das Anrecht eines jeden Menschen, über eine solche Heimat zu verfügen. Doch Georg hat sie verloren. Der Krieg hat die Grundlagen des menschlichen Zusammenlebens, die Grundlagen von Identität und Glück, zerstört. Und so ist auch die Idylle und Harmonie dieser Ausnahmeszene nur von kurzer Dauer. Denn Driss und seine Mutter Melissa verschwinden urplötzlich von der Bildfläche und werden durch eine neu eingewanderte Großfamilie ersetzt. Offenbar sind Mutter und Kind vor der drohenden Verhaftung als illegal in der Stadt lebende Flüchtlinge in die Berge weitergezogen – ein typisches modernes Schicksal gegenwärtiger Migrantinnen und Migranten.

Schmerz der Erinnerung an verlorene Heimat und Familie

Die einzige Hoffnung auf ein dauerhaftes Glück besteht für Georg nun darin, Marie vom Arzt zu entfremden und für sich zu gewinnen. Doch wie im Roman entscheidet sich die junge Frau dazu, die „Montreal" zu besteigen. Sie hofft noch immer darauf, ihren Ehemann wiederzufinden. Zu viele Spuren hat Georg – in dessen Identität – fälschlicherweise ausgelegt, als dass sie der Information Glauben schenken könnte, dass Weidel in Paris Selbstmord begangen habe. Wie im Roman auch scheitert der Protagonist also an sich selbst, indem er zu lange mit der bequemen Lüge der falschen Identität gelebt und Vorteile daraus gezogen hat. Als er Maries Treue zu ihrem Mann erkennt, sieht er die Unmöglichkeit seines Vorhabens ein. Er steigt aus dem gemeinsamen Taxi, das die beiden zum Hafen bringen soll, aus und trifft die Entscheidung, in Marseille zu bleiben. Dort erhält er bald die Information, dass die „Montreal" auf eine Mine gelaufen und untergegangen ist. Anders als im

Parallelen zwischen Film- und Romanhandlung

Filmende: pessimistischer als der Roman

„Transit“ (2018) von Christian Petzold

Roman ist der Tod Maries und des Arztes sicher und amtlich bestätigt. Damit endet Petzolds Werk pessimistischer als der Roman, gibt es doch bei ihm keinerlei Hoffnung auf Maries Überleben und eine mögliche Zukunft Georgs mit ihr.

Während im Roman der Erzähler sesshaft und erwerbstätig wird, mit den Binnets eine neue Familie gewinnt und bereit ist, sich im bewaffneten Widerstand gegen die Deutschen zu engagieren, endet der Film Petzolds offener und pessimistischer. Der Zuschauer bzw. die Zuschauerin kann nur vermuten, wie es mit dem einsamen, zurückgelassenen Protagonisten weitergeht. Die im Hintergrund der letzten Szene dröhnenden Martinshörner der Polizeiautos lassen vermuten, dass die Geschichte von Flucht und Verfolgung ihr Ende noch nicht gefunden hat und es für Georg nur wenig Hoffnung auf ein besseres Leben in Sicherheit geben wird.

Intention des Regisseurs

Bei aller Unterschiedlichkeit zum Roman ist es dem Regisseur dennoch wichtig, die zentralen Gemeinsamkeiten zu betonen. Die Grundidee, einen Menschen zu porträtieren, der keine Vergangenheit mehr hat, weil ihm die Heimat im Krieg gestohlen wurde, und dem gleichzeitig jede Zukunftsperspektive fehlt, ist gleich geblieben. Georg ist ein Flüchtling, der sich im Hier und Jetzt behaupten muss. Das Gegenwärtige, auch Transitäre, erhält eine immense Aufwertung, wie sie eigentlich nur bei Tieren, die instinktiv im

„Transit“ als Entwicklungsroman

und für den Augenblick leben, vorkommt. „Das Schöne an einem Entwicklungsroman wie ‚Transit‘ ist, dass man mitbekommt, wie jemand ein Mensch wird, der Sinne hat, der Erinnerungen hat, der Begehren und Wünsche hat. Der Georg ist erstmal leer, ein Spielball der Geschichte, er läuft herum, er sitzt in Bistros, er hat keine Vergangenheit und Zukunft, er lebt nur in der Gegenwart. Er schlägt sich gut durch, weil er glaubt, dass er nichts zu verlieren hat und auch nichts verloren hat. Er ist clever, fast wie ein Krimineller, er kann die Zeichen lesen, er weiß sich zu verstellen. Erst mit der Lektüre des Manuskripts auf der Flucht, während sein Freund neben ihm stirbt, beginnt er plötzlich, so etwas wie ein tragischer Held zu werden. Das ist seine Entwicklung. Er verliebt sich, er hat ein Ziel, obwohl alles auf Lüge aufbaut, mit der Identität eines anderen. Aber er bekommt im Laufe der Geschichte eine Identität als einer, der wünscht, der begehrt, der am Schluss sogar Opfer bringt.“[1]

[1] Director’s Statement. Klappentext der DVD zum Film, S. 13

Der Roman „Transit“ in der Schule

Der Blick auf die Figuren: Die Personencharakterisierung

Eine literarische Figur charakterisieren – Tipps und Techniken

Um einen Erzähltext verstehen zu können, ist es sinnvoll, sich ein möglichst genaues Bild von den Handlungsträgern – den Figuren eines Romans, einer Erzählung oder einer Novelle – zu machen. Diese in der Schule häufig eingeforderte Textsorte bezeichnet man als Charakterisierung. Dabei liegt die Herkunft des Wortes „Charakter“ im Griechischen, es meint so viel wie „eingekerbtes Zeichen, Wesen, Eigentümlichkeit“. Spricht man folglich vom Charakter eines Menschen, meint man sein Äußeres sowie die Gesamtheit seiner Erfahrungen, unverwechselbaren und einzigartigen Eigenschaften und Verhaltensweisen, welche die Grundlage seines Denkens, Fühlens und Handelns darstellen. Die Charakterisierung einer literarischen Figur kann auf zwei Arten erfolgen: zum einen direkt durch die Selbstaussagen der Figur, sie kann zum anderen auch durch die Aussagen anderer Figuren oder die des Erzählers erfolgen. In diesem Fall sollte der Interpret bzw. die Interpretin sehr sorgfältig vorgehen, da die Aussagen anderer Figuren über den Protagonisten nicht immer sachlich zutreffend sein müssen, sondern häufig tendenziell und mit einer ganz bestimmten Absicht formuliert sind. Als indirekte Charakterisierung bezeichnet man diejenigen Aspekte, welche der Leser und die Leserin aus dem Verhalten der Figur erschließt. Auch hier sollten Sie sich darüber im Klaren sein, dass die Einschätzung der Figur eine Deutung darstellt, die

der Überprüfung mittels sinnvoller, funktionaler Textbelege bedarf.
Beim Verfassen einer schriftlichen Charakterisierung einer literarischen Figur ist folgendes Vorgehen empfehlenswert:

1. Einleitung
Informieren Sie darüber, um welchen Text bzw. welche literarische Figur es geht. Nennen Sie hierfür den Autor/Autorin, Titel und die Textsorte (Roman, Erzählung, Drama, Novelle, Kurzgeschichte, o. Ä.). Welche Funktion hat die Figur im Ganzen? Am Ende erfolgt ein Absatz.

2. Hauptteil
Dies ist der Kern Ihrer Charakterisierung. Gehen Sie dabei systematisch vor und beachten Sie die folgenden Leitfragen. Dabei legen Sie eigenständig Schwerpunkte fest. Es liegt auf der Hand, dass nicht sämtliche der hier aufgeführten Fragen gleichermaßen wichtig sein können.

a) sozialer Status und persönliche Informationen
- Was ist über Name, Geschlecht, Alter und Beruf der Figur bekannt?
- Gibt es auffällige äußere Merkmale (Aussehen, Kleidung, unverwechselbare äußere Merkmale)?
- In welchen Lebensverhältnissen lebt die Figur (sozio-ökonomisches Umfeld)?
- Gibt es Informationen zur Vorgeschichte, Biografie oder Herkunft der Figur?

b) zentrale Charaktereigenschaften
- Welche typischen Verhaltensweisen, Eigenarten und Gewohnheiten sind erkennbar?
- Welches sind die bedeutendsten Charakterzüge bzw. Wesensmerkmale der Figur?
- Welches Bild hat die Figur von sich selbst (Selbstbewusstsein, Arroganz, geringes Selbstwertgefühl …)?

- Über welches Weltbild und welche inneren Einstellungen verfügt die Figur?
- Gibt es im Laufe der Handlung eine Entwicklung der Figur, verändert sie sich?
- Wie stellt sich das Verhältnis und die Beziehung zu anderen Figuren dar?
- Auf welche Art und Weise wird die Figur von ihrer sozialen Umgebung wahrgenommen?
- Welche Umstände beeinflussen ihr Dasein, was ist besonders prägend?

c) **Sprachgebrauch und Sprachverhalten**
- Was ist allgemein am Sprachgebrauch der Figur auffällig, wie lässt sich dieser beschreiben?
- Gibt es auf Satz- und Wortebene (Syntax, Wortwahl) Besonderheiten (z. B. Satzabbrüche, viele Ausrufe, unvollständige Satzkonstruktionen o. Ä.)?
- Wie verhält sich die Figur in den Gesprächen mit ihren Mitmenschen? Geht sie auf andere zu, macht sie Gesprächsangebote und setzt Impulse oder aber ist sie ein eher passiver und zurückhaltender Gesprächspartner bzw. eine eher passive und zurückhaltende Gesprächspartnerin?

3. Schlussteil: Zusammenfassende Bewertung

Im Schlussteil, der vom Hauptteil mit einem Absatz abgegrenzt werden sollte, erfolgt eine Zusammenfassung der Ergebnisse. Dabei können Sie sich an folgenden Leitfragen orientieren:

- Welche Gesamtdeutung der Figur ergibt sich aus den im Hauptteil diskutierten Erkenntnissen? Wie ist die Figur im Romankontext zu bewerten?
- Was soll durch die Installation dieser Figur beim Leser und der Leserin erreicht werden? Welche Funktion kommt der Figur zu?

- Handelt es sich bei der Figur um einen einzigartigen Charakter oder bloß um einen Typus?
- Inwieweit sind die Charaktermerkmale gesellschaftlich bedingt?

Im Folgenden werden Ihnen einige ausgewählte, kurze und z. T. absichtlich verknappte Charakterisierungen zu den zentralen Figuren aus Anna Seghers' Roman „Transit" vorgestellt. Sie dienen vor allem unerfahrenen Schreibern zu einer ersten Orientierung. Dabei erfüllen sie keinesfalls einen Anspruch auf Vollständigkeit, sondern sollen als Impuls für die eigene Weiterarbeit verstanden werden.

Der anonyme Erzähler – Die Hauptfigur des Romans

1. Einleitung

Der namenlose Ich-Erzähler ist die Hauptfigur des 1944 zuerst in englischer Sprache erschienenen Exilromans „Transit" von Anna Seghers. Er trifft sich zu Romanbeginn in einer Marseiller Pizzeria mit einem ebenfalls namenlosen Gegenüber, dem er rückblickend die Geschichte seiner Flucht und seines Aufenthalts in der Stadt erzählt. Angesichts des Untergangs der „Montreal", eines Flüchtlingsschiffs, spürt er das Verlangen danach, sich die Erfahrungen der letzten Monate von der Seele zu reden.

2. Hauptteil

Biografischer Hintergrund

Bei Segher' Protagonisten handelt es sich um einen 27-jährigen jungen Deutschen, der nach der Machtübernahme der Nationalsozialisten in Deutschland mit der neuen politischen Führung in Konflikte gerät. 1937 gelingt ihm – weder Jude noch Kommunist (vgl. S. 2) – die Flucht aus einem deutschen Konzentrationslager. Kaum über den Rhein gelangt, wird er in einem französischen Arbeitslager in Rouen inhaftiert. Als die deutsche Wehrmacht im Frühjahr 1940 Frankreich angreift und das Arbeitslager bombardiert, gelingt dem Erzähler mit einigen Mithäftlingen und Freunden unter lebensbedrohlichen Umständen die erneute Flucht, die ihn nach Paris verschlägt. Weitere wichtige Informationen über die Vergangenheit des Erzählers, etwa über seine Eltern oder etwaige Geschwister, erfährt die Leserin/der Leser nicht.

Sozialer Status und persönliche Informationen

Von Beruf ist der Erzähler ein Monteur, d. h. er gehört der Arbeiterklasse an. Offiziell verfügt er also nicht über eine höhere schulische oder akademische Bildung, womit er kokettiert, wenn er behauptet, „noch nie ein Buch zu Ende gelesen" (S. 26) zu haben. Diese Behauptung ist aber – wie so viele weitere – durchaus unglaubwürdig, denn der Erzähler bewertet und kommentiert viele seiner Erlebnisse in Marseille mit Vergleichen, die auf einen hohen humanistischen Bildungsstand schließen lassen. Beispielsweise beschreibt er das Gerede der Flüchtlinge als phönizischen, kretischen oder griechischen Tratsch (vgl. S. 95), verfügt über biblische Kenntnisse („Sintflut", S. 107) ebenso wie über die Inhalte bedeutender antiker Sagen, die er regelmäßig mit den gegenwärtigen Geschehnissen in Verbindung setzt. Auch sein ausgeprägt genauer, von Ironie gespeister, an manchen Stellen gar poetischer Sprachgebrauch untermauert dies: „Ich war allein mit der schwarzen vierarmigen Riesenkrabbe, dem Hakenkreuz." (S. 271) Mit dieser Einsicht ist der wohl zentrale Charakterzug des Erzählers bereits benannt: Es handelt sich um einen unzuverlässigen, risikofreudigen und wurzellosen jungen Mann, der sich seinen Spaß daraus macht, seine Mitmenschen vorzuführen. Ausgestattet mit der falschen Doppelidentität Seidler/Weidel empfindet er anfangs Freude dabei, seinen Mitmenschen die Wahrheit über seine eigenen Identität und den Selbstmord Weidels vorzuenthalten. Ein schlechtes Gewissen hat er dabei nicht, sondern er fühlt sich hingegen „bestärkt in meiner eigenen List, in meiner eigenen Undurchschaubarkeit" (S. 155). Seine skrupellose Freude an Manipulation, Maskerade und Täuschung lässt den Schluss zu, dass er dem literarischen Typus des Schelmen

Hoher Bildungsstand und Sprachgebrauch

Identitätskrise

Typus des Schelmen

nahesteht. Für ihn ist anfangs „alles nur ein Spiel“ (S. 212). Dabei geht er in seiner Überheblichkeit und Anmaßung so weit, dass er sogar die Frau, die er liebt, über den Tod ihres Mannes im Unklaren lässt, was zur Folge hat, dass diese sich weiter auf die (sinnlose) Suche nach ihrem Gatten macht. Dem wankelmütigen Erzähler fehlt lange Zeit der Mut, seiner Geliebten die Wahrheit zu sagen, müsste er doch seine monatelange Lüge und Täuschung eingestehen. Auch sein Verhältnis zu den anderen Flüchtlingen, die sich ja grundsätzlich in einer ähnlichen Situation wie er selbst befinden, verdeutlicht seinen Egoismus und seine anfängliche Empathielosigkeit. Statt Mitleid zu empfinden, spricht er mit Blick auf die Transitären nur angeekelt von menschlichen „Überreste[n]“ und „erbärmlichen Menschenhaufen“ (S. 38).

Verhältnis zu den Mitmenschen

Entwicklung

Doch die Figur des Erzählers verändert sich. Der Grund für diese schrittweise Entwicklung liegt darin, dass er mit seinem egoistischen und selbstverliebten Verhalten im Kern nur von seinen eigenen Problemen ablenkt, denen er sich nicht stellen möchte. Denn so sehr wie er sich auf das falsche Spiel der Doppelidentität Weidel/Seidler einlässt, so sehr verliert er auch seine eigene Identität. Innerlich zerrissen, spürt er das selbst, z. B. in Momenten der inneren Einkehr oder in Gegenwart von Heinz, seinem einzigen echten Freund und Vorbild: „Mein Leben geht ganz daneben.“ (S. 86) Die Begegnung mit Marie, in die er sich unsterblich verliebt, verändert sein altes Leben fundamental.

Liebe zu Marie und dem Jungen der Binnets als Auslöser für eine Veränderung

Auch die Anhänglichkeit des Jungen der Familie Binnet, für den er Verantwortung übernimmt, hinterlässt Spuren bei ihm. Er spürt, dass es im Leben darum geht, sich an Menschen zu binden und sich etwas zu wünschen, „woran ich mich halten konnte“ (S. 103). So startet er eher unfreiwillig die „Suche nach dem, was für immer vorhält“ (S 134). Diese insgesamt positive Entwicklung seiner Persönlichkeit läuft nicht linear ab. Sie wird von zahlreichen Rückschlägen be-

Rückschläge

geitet. Weitere Male spielt er mit seinen Mitmenschen Katz und Maus und berauscht sich regelrecht an seiner eigenen „List“ (S. 155).

Reflexionsprozess

Doch zunehmend reflektiert er die Nachteile seines Vorgehens und kommt ins Grübeln: „Ich blieb letzten Endes immer allein zurück, unbeschädigt zwar, aber dafür auch allein.“ (S. 164) Offensichtlich bemerkt er das eigene Versagen. Es ist die Liebe zu Marie, die dafür sorgt, dass er sich schließlich ehrlich um ihre Abfahrt bemüht (vgl. S. 250 ff.). Ihr zuliebe fasst er zwischenzeitlich sogar den Entschluss, selbst abzufahren. Doch am Ende sieht er ein, dass er Maries Glauben an das Leben ihres Gatten nicht mehr ins Wanken bringen kann: „Der Tote war uneinholbar.“ (S. 287) So trifft er die schmerzhafte Entscheidung, Marie loszulassen und sie mit dem Arzt ins Exil reisen zu lassen. Er gibt sein Ticket zurück und entscheidet sich dafür, das Arbeitsangebot der Binnets anzunehmen. In Südfrankreich wird er sesshaft. Hier findet er eine neue Heimat, die er sogar bereit ist, gegen die deutschen Angreifer zu verteidigen. Damit hat sein Fluchtverhalten ein Ende. Er übernimmt Verantwortung und gewinnt dadurch familiären Schutz, Heimat und Geborgenheit.

3. Schlussteil: Zusammenfassende Bewertung der Figur

Der Protagonist des Romans „Transit“ ist kein klassischer literarischer Held. Man kann ihn vielmehr als eine Art „gemischten Charakter“ bezeichnen. Positive wie negative Aspekte halten sich anfangs die Waage. Doch mit der durch die Liebe zu Marie und dem Jungen ausgelösten Entwicklung findet der Erzähler im Laufe seiner Zeit in Marseille doch noch zu sich selbst. Er beendet das Spiel mit der falschen Identität und gewinnt so seine tatsächliche Persönlichkeit zurück.

Marie

1. Einleitung

Die junge Frau mit Namen Marie ist die weibliche Hauptfigur des Romans „Transit“ von Anna Seghers. Mit ihrem Auftreten im ersten Drittel des Romans ändert sich die Handlung rasant, da sich der Protagonist in sie verliebt und alles tut, um die attraktive junge Frau für sich zu gewinnen.

2. Hauptteil

Äußere Erscheinung

Weit vor ihrem ersten Auftreten im Roman wird Marie bereits von der Hotelfrau in Paris beschrieben, als der Erzähler sich vergeblich nach Weidel erkundigt, der zwischenzeitlich Selbstmord begangen hat. Die „schöne Frau“ habe sehr wenig Selbstbewusstsein ausgestrahlt, „wenig auf sich gehalten“ sowie „öfters geweint“ (S. 23). Ihre Stimme klingt „jung und ängstlich“ (S. 89), während ihr äußeres Erscheinungsbild vom Erzähler bei ihrer ersten Begegnung als „vielleicht sanft und schön“ (ebd.) beschrieben wird.

Charaktereigenschaften und typische Verhaltensweisen

Wirkung auf die Mitmenschen

Sie ist mit attraktivem Aussehen gesegnet und gleichzeitig scheint Marie recht uneitel zu sein: „Ihr braunes, schlecht und recht geschnittenes Haar steckte achtlos in der Kapuze.“ (S. 123) Damit sind bereits früh einige zentrale Merkmale der Figur benannt; denn die junge, geheimnisvolle Frau wirkt auf Männer trotz ihrer Schönheit häufig hilflos und schutzbedürftig (vgl. S. 139). Wenn sie mit einer Situation überfordert ist, hält sie sich die „Fäuste vor die Ohren“ (S. 123) und flüchtet. Doch genau diese Eigenschaften sind es, die den Erzähler und dessen Nebenbuhler, den Arzt, in ihren Bann schlagen. Schon bei der ersten Begegnung im Café Mont Vertoux zeigt sich der Erzähler fasziniert von der noch namenlosen Unbekannten, die voll „angespannter Erwartung“ und „Furcht“ (S. 96) den Raum mit ihren Blicken absucht. Der Erzähler ist von Marie sofort eingenommen: „Die Frau, die eben an mir vorbeiging, gönnte ich niemand.“ (S. 97) Bei späteren Begegnungen mit dem Erzähler wirkt Marie „atemlos“ (S. 115) und gehetzt, von ihr geht eine grundsätzliche Unruhe aus, deren Ursache lange unbekannt bleibt. Spät erst, als sie langsam Vertrauen zum Erzähler gefasst hat, erläutert sie das Ziel ihrer Suche: Sie sei mit ihrem deutschen Ehemann ins Exil nach Frankreich geflohen, ihre Beziehung sei aufgrund des Altersunterschiedes nicht gut gewesen. Beim Einmarsch der deutschen Wehrmacht in Paris sei es unfreiwillig zu einer Trennung gekommen. Nun vermute sie ihren Ehemann ebenfalls hier in Marseille (vgl. S. 147). Ohne ihn könne sie nicht das Schiff besteigen: „Er hat alles, was mir fehlt. Er allein hat das Visum." (S. 148) Für ihre Untreue gegenüber ihrem Gatten – sie hat ein Verhältnis mit dem Arzt – schämt sie sich (ebd.). Zugleich fällt es ihr schwer, sich über ihre Gefühle klar zu werden. Zögerlichkeit und Unsicherheit prägen, so der Arzt, ihr Verhalten: „Marie wird immer zögern. Selbst wenn sie sich plötzlich entscheidet, zu bleiben, auch dann wird sie im Geheimen zögern." (S. 160) Als sie sich ihrer Gefühle für den Erzähler bewusst wird (vgl. S. 176), öffnet sie sich diesem und erzählt ihm die Geschichte ihrer Herkunft: Marie stammt ursprünglich aus Limburg an der Lahn, wo ihre Eltern immer noch leben. Bei einem Verwandtenbesuch in Köln lernt sie den weitaus älteren Dichter Weidel kennen, der sich zufällig neben sie auf eine Parkbank setzt. Sie ist mehr von der Klugheit des mürrischen Dichters angezogen als von seinem Äußeren. Als der Gegner Hitlers das Land verlassen möchte, macht er Marie das Angebot, sie zu begleiten. Sie nimmt an und lernt in der Folge von dem lebenserfahrenen Partner: „Er zeigte mir alles. Er lehrte mich alles." (S. 179) Von dem Erzähler wird sie darüber im Unklaren gelassen, dass ihr Mann in Paris Selbstmord verübt hat. Im Unwissen darüber sucht sie weiter voller Verzweiflung in den Cafés und Konsulaten der Stadt nach dem Verschollenen und ist nicht bereit, nachzulassen: „Solange ich suche, weiß ich, ich kann ihn noch finden." (S. 245) Bei aller Unsicherheit und Schutzbedürftigkeit zeigt sich doch eine ausgeprägte Hartnäckigkeit und

Biografische Informationen: Herkunft und Motive ihrer Suche

Eigenschaften: Unsicherheit, aber auch Hartnäckigkeit

Ausdauer. Als sie endlich ein Transit erhält, zeigt sie sich überglücklich (vgl. S. 265). Sie hofft, ihren Mann auf dem Schiff anzutreffen. Der Information des Erzählers, dass ihr Mann längst verstorben sei, schenkt sie keinen Glauben, zu häufig ist ihr die Existenz ihres Mann in Marseille bestätigt worden: „Ich weiß jetzt, dass er noch lebt.“ (S. 286) Kurz nachdem sie mit dem Arzt und ohne den Erzähler mit der „Montreal“ in See sticht, läuft das Schiff auf eine Mine und

Tod auf See

geht unter. Der Tod Maries ist amtlich unbestätigt, aber wahrscheinlich.

3. Schlussteil

Die Figur Marie ist von großer Bedeutung für den Handlungsverlauf des Romans. Die innerlich zerrissene Frau schwankt zwischen drei Männern, dem Arzt, dem Erzähler

Funktion: Katalysator (Beschleuniger) der Handlung

und ihrem Ehemann, von dessen Tod sie nichts weiß. Sie wirkt auf den Erzähler wie eine Art Katalysator, d. h., mit ihrem Auftreten beschleunigt sie die Handlung erheblich. Geistert der Erzähler vor ihrer ersten Begegnung noch ziellos und voller Abscheu vor den Transitären durch die Stadt, gewinnt sein Leben mit Marie neuen Sinn. Die Liebe zu der geheimnisvollen und gehetzten Frau setzt einen langsamen, aber stetigen Veränderungsprozess des Protagonisten in Gang.

Der Arzt

1. Einleitung

Anna Seghers' Roman „Transit“, erschienen erstmalig 1944 in englischer Sprache, wird auf der Handlungsebene von drei Figuren dominiert: Dem Erzähler, der weiblichen Hauptfigur Marie und dem Arzt, der ebenfalls um die junge Frau wirbt. Um seine Funktion innerhalb der zentralen Figurenkonstellation soll es im Folgenden gehen.

2. Hauptteil

Der Name des Arztes bleibt unbekannt. Die Leserin/Der Leser lernt ihn damit ausschließlich im Rahmen seiner dienstlichen Funktion kennen. Schon bei seinem ersten Auftauchen im Romangeschehen steht seine berufliche Tätigkeit im Vordergrund, als der Erzähler ihn aufsucht, um ihn zum erkrankten Jungen der Familie Binnet zu begleiten (vgl. S. 89). Der Arzt wohnt gemeinsam mit Marie in der Rue du Relais, einer winzigen Gasse am Cours Belsunce. Der aus Deutschland stammende, für seine Fähigkeiten berühmte Mediziner hat früher einmal ein Dortmunder Krankenhaus geleitet. Wegen seines jüdischen Glaubens hat er seine berufliche Position verloren und musste aus Deutschland fliehen.

Beruflicher Werdegang und Herkunft

Glaube

Bei ihrer ersten Begegnung macht der Arzt großen Eindruck auf den Erzähler, der dessen „rechtes Arztgesicht“ (S. 89) als Zeichen der Würde des Mediziners deutet. Sein „ziemlich grau[es]“ (ebd.) Haar lässt vermuten, dass er sich in seinen mittleren Lebensjahren befindet, zumal sein Gesicht durchaus noch „jung“ (S. 90) wirkt. Die gesamte Erscheinung des Arztes strahlt eine große Ruhe und Eleganz aus, für die der Erzähler anfangs nur Bewunderung übrighat: „Dieser Mann ist Arzt mit Leib und Seele. Er kann den Menschen helfen.“ (S. 91) Auch Marie hält ihren Partner für einen sehr guten Menschen (vgl. S. 245). Wie der Erzähler selbst ist der Arzt ein Flüchtling, ein Transitär. Doch die damit verbundenen Sorgen verfliegen, sobald er sich einem Patienten zuwendet: „[…] während er horchte, verklärte sich sein von Transitsorgen entstelltes Gesicht, sein Ausdruck von Hast und Zuspätkommens- und Zurückbleibensfurcht verwandelte sich in das Gegenteil: unendliche Geduld.“ (S. 98) Voller Güte und Konzentration, Kompetenz und Zielstrebigkeit behandelt er den kleinen Jungen der Binnets, was beim Erzähler eine „verrückte Eifersucht“ (S. 99) auslöst. Denn anders als dieser arbeitet der Mediziner erfolgreich mit „Wissen und Geduld“ (ebd.), während der Erzähler sein erfolgreiches, aber zynisches Spiel „durch Schliche und List“ (ebd.) vorantreiben kann. Sein hohes Arbeitsethos und die von ihm ausgehende „Güte“ (S. 98) gegenüber seinen Mitmenschen bilden einen sichtbaren Kon-

Aussehen und Ausstrahlung

Eigenschaften

Beziehung zum Erzähler: Kontrastfigur

trast zum strategischen Verhalten des Erzählers. Dessen verwunderte Frage, warum der Arzt trotz aller erforderlichen Papiere noch nicht ausgereist sei, beantwortet der Mediziner mit seiner Verantwortung gegenüber Marie: „Ich müsste hier eine Frau zurücklassen. Ihr fehlen noch die Papiere. Wir hoffen, zusammen fahren zu können bei der nächsten Gelegenheit.“ (S. 112) So wird der zuverlässige und rechtschaffene Arzt in Folge der Annäherung des Erzählers an Marie zu dessen Konkurrenten. Er kämpft um die Liebe Maries: „Sie vergessen eine Kleinigkeit, Marie ist schließlich mit mir fort, als der Mann noch lebte.“ (S. 160) Trotzdem hat er mit Maries Unentschiedenheit zu kämpfen, sodass er sogar seinen Nebenbuhler darum bittet, sie zur Ausreise zu bewegen (vgl. S. 180, 186). Als er merkt, dass er Marie dazu nicht bewegen kann, beschließt er, allein abzureisen, was nicht zustande kommt (vgl. S. 193). In der Folge macht er dem Erzähler klar, dass er dessen falsches Spiel mit Marie durchschaut: „Sie irren sich. Sie können auch gar nicht anders als sich irren, so wie Sie nun einmal sind.“ (S. 275)

Tod auf See

Am Ende besteigt er gemeinsam mit Marie die „Montreal“, die kurz nach ihrem Auslaufen auf eine Mine läuft und untergeht. Es ist wahrscheinlich, dass er bei diesem Unglück zu Tode kommt.

3. Schlussteil

Funktion für das Romanganze

Im Vergleich zu Marie und dem Erzähler erscheint der Arzt deutlich ausgeglichener und in sich ruhender. Anders als die emotionale Marie erkennt er sehr bald das Spiel des Erzählers, den er als Konkurrenten um die junge Frau identifiziert. Im Hinblick auf den Protagonisten des Romans fungiert der Arzt als eine Art Kontrastfigur. Durch seine positiven Eigenschaften werden die negativen Merkmale des listigen, unehrlichen Erzählers umso deutlicher.

Heinz

1. Einleitung

Heinz ist eine bedeutende Nebenfigur des Romans „Transit“ (1944) von Anna Seghers. Von allen ausreisewilligen Figuren ist er der Einzige, dem die Flucht ins rettende Exil gelingt. Die Anlage seiner Figur erinnert an Georg Heisler, den Helden aus Anna Seghers' Welterfolg „Das siebte Kreuz“ (1942).

2. Hauptteil

Biografische Informationen

Beziehung zu Mitmenschen

Zentrale Charakter-eigenschaft: Solidarität

Bei Heinz handelt es sich um einen kommunistischen Widerstandskämpfer, den der Erzähler während der gemeinsamen Haftzeit in einem Arbeitslager in Frankreich kennen- und schätzen gelernt hat. Ähnlich wie der Erzähler selbst ist er zuvor bereits in einem deutschen Konzentrationslager inhaftiert gewesen, aus dem ihm die Flucht gelungen ist. In der Folge wird Heinz Mitglied der Internationalen Brigaden, die während des Spanischen Bürgerkriegs aufseiten der Republikaner gegen die Diktatur ankämpfen. Dabei erleidet er eine schwere Verletzung, ein Bein muss amputiert werden. Dennoch wird er in einem Arbeitslager in Frankreich eingesperrt. Nach dem Einmarsch der Deutschen 1940 gelingt ihm auch hier die Flucht, insbesondere dank der Hilfe und Unterstützung seiner Lagerkameraden, bei denen er aufgrund seiner Überzeugungen hoch angesehen ist: „Diesen Heinz mussten jetzt seine Freunde über die Mauer heben. Sie trugen ihn abwechselnd, weil es furchtbar eilte, in die Nacht, vor den Deutschen her.“ (S. 9) Hier erfährt die Figur die Solidarität, die sie anderen Menschen entgegenbringt.

Kontrastfigur zum Erzähler

In Marseille treffen Heinz und der Erzähler erneut aufeinander. Beide sind Flüchtlinge, die auf ihre Ausreise ins rettende Exil warten. Damit sind die Gemeinsamkeiten zwischen beiden Figuren aber schon erschöpft. Denn obwohl der Erzähler sich nach Heinz sehnt (vgl. S. 43), unterscheiden sich beide Charaktere wesentlich. Bei ihrem ersten Wiedersehen in Marseille (vgl. S. 82 ff.) wird dies dem Erzähler, der sich seiner eigenen Ich-Identität nicht mehr sicher ist, selbst klar: „Denn selbst in mir fand er [Heinz] etwas, ich weiß nicht was, wovon ich selbst nicht mehr wusste, dass es noch immer in mir vorhanden war […].“ (S. 83) Der Erzähler attestiert seinem alten Freund Eigenschaften, die ihm selbst fehlen: „Treue, Zuverlässigkeit, die mir unhaltbar dünkte, unbeirrbarer Glaube, der mir kindisch und nutzlos vorkam wie das Herumschleppen alter Fahnen auf uferlosen Schlachtfeldern.“ (Ebd.) Durch sein unverhofftes Zusammentreffen mit Heinz findet der Erzähler zwischenzeitlich den Glauben an die eigene Zukunft wieder, Heinz' Existenz erfüllt ihn mit Hoffnung: „[I]ch war da, und auch Heinz war da.“ (S. 84) Andererseits sieht er angesichts der charakterlichen Größe seines alten Freundes, was ihm selbst fehlt: „Mein Leben geht ganz daneben.“ (S. 86)

Zentrale Charaktereigenschaften: Treue und Zuverlässigkeit

Wirkung auf den Erzähler

Doch die Figur Heinz weckt nicht nur das Gute im Erzähler, denn die folgende Verabredung mit ihm lässt er vorüberstreichen. Im Spiegel der Zuverlässigkeit und Treue, die Heinz verkörpert, wird die Unzuverlässigkeit des Erzählers umso deutlicher: „Trotzdem bin ich nicht hingegangen. Es ist mir etwas dazwischengekommen.“ (S. 87) Doch Heinz' Stärke, der Glaube an Solidarität und Gemeinschaft, die mit dem Egoismus und der selbst gewählten Isolation des Erzählers kontrastieren, wirken weiter auf den Protagonisten ein. Ein erneutes Treffen mit Heinz aktiviert erstmals sein „schlechtes Gewissen“ (S. 152). So wird dem Erzähler klar, wie wichtig es ist, andere Menschen nicht „im Stich [zu] lassen“ (S. 154).

Katalysator (Beschleuniger) für die Entwicklung des Erzählers

Für die Treue, Zuverlässigkeit und Solidarität, die Heinz anderen Mitmenschen entgegenbringt, wird er belohnt. Ihm gelingt die Ausreise ins Exil (vgl. S. 298) auch ohne eigene finanzielle Mittel: „Oh nein, verdient sei daran nichts worden, das habe man schon für den Mann selbst getan. Ich kennte ihn ja, er sei ja mein Freund.“ (S. 197)

Ausreise ins Exil als Belohnung

Die Figur Heinz macht „Transit“ zu einem Solidaritätsroman. Vor allem an seiner Figur, die für den Erzähler zum Vorbild und Mentor wird, wird eine der zentralen Botschaften des Textes deutlich: Für Menschen in Not, für Flüchtlinge und Transitäre ist der einzige Ausweg, sich gegenüber seinen Mitleidenden solidarisch zu zeigen. Solidarität und gemeinsamer Kampf gegen den Feind werden so zu den zentralen Strategien im Versuch, dem Einfluss des Transitären, Unsteten etwas Dauerhaftes entgegenzusetzen. Damit entspricht die Anlage der Nebenfigur auch der Grundauffassung der kommunistischen Bewegung während des Zweiten Weltkriegs, der auch Anna Seghers nahestand. Der Bedrohung des Faschismus kommt man nur bei, wenn man sich gegenseitig unterstützt und Hilfestellung bietet.

3. Schlussteil

Heinz als Vorbild und Mentor

Hermann Achselroth

Hermann Achselroth ist eine Nebenfigur des Romans „Transit“ (1944), den Anna Seghers im Exil geplant und verfasst hat. Die Figur taucht nur einige Male am Rande auf und nimmt keinen wesentlichen Einfluss auf die Handlung. Seine Verhaltensweisen und Charakterzüge wirken jedoch auf den Protagonisten des Romans ein und erhalten dadurch für dessen Entwicklungsprozess eine Bedeutung.

1. Einleitung

Hermann Achselroth wird gleich zu Beginn des Romans erwähnt. Gegenüber seinem Freund und Mitstreiter Paul Strobel skizziert der Erzähler die Figur: Achselroth ist ein „ausnehmend schöner Bursche“ (S. 18), der sich als Autor bekannter Theaterstücke einen Namen gemacht hat und daher auch über ein gewisses Vermögen verfügt. Er zeigt sich in „vornehmen Zivilkleidern“ (S. 167) und mit einem „Haufen Geld“ (S. 294). Auf der gemeinsamen Flucht aus einem Lager sei ein „französisches Militärauto vorgefahren“ (S. 19). Offensichtlich habe Achselroth dann den Fahrer des Wagens um Hilfe gebeten und ihn bestochen. Doch

2. Hauptteil

Aussehen und materielle Situation

Zentrale Charaktereigenschaft: Desinteresse am Mitmenschen

statt seine Mitgenossen ebenfalls in das Auto steigen zu lassen, sei er ohne zu winken allein in den Wagen gestiegen und „abgerauscht“ (ebd.). Schon anhand dieser Begebenheit wird die zentrale Charaktereigenschaft der Nebenfigur deutlich: Achselroth steht für das Desinteresse gegenüber seinen Mitmenschen. Er ist nur auf den eigenen Vorteil bedacht und hat keinerlei Probleme damit, seine Freunde in der Not im Stich zu lassen. Diese Eigenschaft wird auch in Marseille bestätigt, wo der Erzähler im Café Rotonde erneut auf Achselroth trifft, der – Alkohol konsumierend – einige zwielichtige Gestalten um sich geschart hat (vgl. S. 166 f.). Wie sich herausstellt, hat Achselroth die persönliche Bekanntschaft Weidels gemacht. Gegenüber dem Erzähler gibt er damit an, Weidel kurz zuvor auch in Marseille getroffen zu haben („Ich traf ihn kürzlich im Mont Vertoux“, S. 167), was von dem Erzähler und dem Leser bzw. der Leserin sofort als Lüge zu enttarnen ist, da der Ehemann Maries in Paris Selbstmord begangen hat. Rückblickend und offensichtlich ohne schlechtes Gewissen gibt er eine Episode mit dem Dichter wieder, an deren Ende er ihn aus minderen Gründen im Stich gelassen habe: „Die Dame konnte nicht leben ohne ihre Koffer, ich konnte damals nicht leben ohne die Dame, also mussten wir auf Weidel verzichten.“ (S. 169) Wieder wird deutlich, dass Achselroth sein eigener Vorteil über alles geht und er sich für das Wohl seiner Mitmenschen nur dann interessiert, wenn er eigene Vorteile daraus ziehen kann. Über die Schwächen anderer Menschen kann er – im Gegensatz zu Heinz – nicht hinwegsehen. Er verliert kein gutes Wort über Marie, die er als Siebzehnjährige kennengelernt habe und die er für ein hübsches, aber naives „kleines Mädchen“ (S. 249) halte, für das er nur Hohn und Zynismus übrig hat. Anders als Heinz gelingt dem bösartigen Menschenfeind Achselroth die Ausreise ins rettende Exil nicht, was wie eine Art Bestrafung für sein schlechtes und egoistisches Verhalten wirkt.

Beziehung zu Weidel

Zentrale Charaktereigenschaften: Unehrlichkeit und Egoismus

Symbolische Bestrafung

Insgesamt fungiert Hermann Achselroth – ebenso wie sein Freund und Mitflüchtling Paul Strobel – als eine Art Kontrastfigur. Mit seiner Gerissenheit, Schläue, seiner Bereitschaft zur Gewalt, v. a. aber mit seinem ausgeprägten Egoismus steht er im klaren Gegensatz zu Heinz, der für den Erzähler im Laufe der Handlung mehr und mehr zum moralischen Vorbild wird. Am Negativ-Beispiel Achselroth identifiziert der Erzähler eigene Mängel, die er im Prozess seiner Identitätsfindung zu korrigieren bereit ist. Am Ende ist der Erzähler zu dem fähig, was Achselroth zu keinem Zeitpunkt auszeichnet: Mitmenschlichkeit, Güte und Solidarität.

3. Schlussteil

Kontrastfigur zu Heinz

Katalysator (Beschleuniger) der Entwicklung des Erzählers

Der Junge der Familie Binnet

In Anna Seghers' Exilroman „Transit" (1944) nimmt der kleine Junge der Familie Binnet nur eine Nebenrolle ein. Für die Entwicklung des Erzählers spielt die Nebenfigur jedoch eine wichtige Rolle.

1. Einleitung

Der schmale, dunkle Junge (vgl. S. 47) ist der Sohn Claudines, der Freundin Georg Binnets. Die Binnets sind die einzigen Menschen, die der Erzähler in Marseille bereits kennt und die ihn ihrerseits mit seinem tatsächlichen Namen anreden. Bei einem seiner Besuche der Familie lernt der Erzähler den Jungen kennen, und er entwickelt sofort eine „schmerzhafte Zuneigung" (S. 63) zu ihm. Lange bevor er Marie kennen- und lieben lernt, ist es nur dieser junge Mensch, zu dem der Erzähler eine enge Bindung aufzubauen in der Lage ist. In seinem Beisein wird der Exilant „ruhiger" und fühlt die „Geborgenheit" (Ebd.), die der heimatlose und vertriebene Flüchtling schon lange vermisst. Der Junge wird so wichtig für Seghers' Protagonisten, dass dieser ihm von seinem wenigen Geld die Dinge schenkt, „die ihm fehlten" (S. 88). Er bemüht sich um die Zuneigung und Liebe des Jungen, indem er in Worten spricht, „die er verstehen konnte" (ebd.). Er nimmt ihn auf Bootsfahrten und

2. Hauptteil Aussehen

Beziehung zum Erzähler

Ausflüge in die Berge mit (ebd.). Kein Wunder, dass eine

Gesundheitszustand

plötzliche Erkrankung des asthmatischen Jungen Panik im Erzähler auslöst. Besorgt macht er sich auf die Suche nach einem Arzt, dessen Behandlung er argwöhnisch beobachtet, da er um das Leben des Kindes fürchtet: „Ich liebte ihn sehr.“ (S. 108) Doch der Junge erwidert die Liebe des Erzählers nur so lange, bis er dessen Abfahrtsbemühungen bemerkt. Er hat große Angst, dass ihn sein Ersatzvater und bester Freund verlassen könnte: „Sie hauen jetzt also auch ab.“ (S. 112)

Wirkung auf den Erzähler und Bedeutung für dessen Entwicklung

Das Zutrauen und die Zuneigung des Jungen verändern den unsicheren und bisher so unzuverlässigen Erzähler, der es bis dato gewohnt ist, mit seinen Mitmenschen Spiele zu spielen. Mit dem Jungen ändert sich das, der Erzähler wird sich des Wertes menschlicher Bindungen bewusst: „Ich drückte ihn an mich, küsste ihn, schwor, ich würde nie von ihm weggehen.“ (Ebd.) Umso größer ist die Wut und Verzweiflung des Jungen, als er von den konkreten Abreiseplänen des Erzählers Wind bekommt: „Geht alle zum Teufel!“ (S. 187) Weinend und voller Verzweiflung trauert er um den erwartbaren Verlust seines besten Freundes. In der Folge versucht er, den treulosen Verräter zu ignorieren: „Auch mich betrachtete er auf einmal als einen Schatten, an den zu klammern, mit dem zu reden keinen Zweck hatte.“ (S. 203)

Am Ende, als die Entscheidung des Erzählers, in Marseille sesshaft zu werden, bekannt wird, bricht der Junge vor Erleichterung und Freude zusammen: „Auf einmal warf er sich gegen mich, weinte, weinte.“ (S. 296) Diese Liebe führt beim Erzähler zu einer zärtlichen Geste: „Ich streichelte seinen Kopf, ich war bestürzt, ich wusste nicht, was ich aus diesen Tränen machen sollte.“ (Ebd.)

3. Schlussteil

Der Junge erhält seine Bedeutung im Romanganzen im Hinblick auf die Wirkung, die er auf den Erzähler hat. In der Bindung zum unverdorbenen, ehrlichen und treuen Kind merkt der Erzähler, was es bedeutet, eine Familie zu haben.

Im Zusammensein mit dem Jungen erfährt seine Persönlichkeitsentwicklung eine enorme Beschleunigung, ist er doch hier im Kleinen in der Lage, Bindung und aufrichtige Gefühle zuzulassen, während er in der großen Erwachsenenwelt weiterhin Marie und den Arzt hintergeht. Die Gemeinschaft mit dem Jungen trägt so dazu bei, den Wert des „Daheimsein[s]“ (S. 188) zu erkennen und darauf persönlich verantwortete Entscheidungen zu treffen. So bleibt der Erzähler in Frankreich und findet hier eine neue Familie und Heimat.

Bedeutung der Figur für den Erzähler: Beschleunigung seiner Entwicklung

Der Blick auf den Text: Die Analyse eines Erzähltextes

Einen Romanauszug analysieren – Tipps und Techniken

Bevor Sie im Rahmen einer Textanalyse (Beschreibung und Deutung eines Textes) mit dem Schreiben beginnen, empfehlen sich die nachfolgend aufgeführten Vorarbeiten. Für die Analyse eines Textauszugs stehen grundsätzlich zwei verschiedene Methoden zur Auswahl: die Linearanalyse und die aspektgeleitete Analyse.

In der **Linearanalyse** werden die einzelnen Abschnitte systematisch analysiert, d. h. ihrer Reihenfolge nach. Dies führt in der Regel zu genauen und detaillierten Ergebnissen. Allerdings besteht die Gefahr, dass zu kleinschrittig gearbeitet wird und die übergeordneten Deutungsaspekte des Auszugs aus dem Blick geraten.
In der **aspektgeleiteten Analyse** werden diese Deutungsschwerpunkte von vornherein festgelegt. Daraus ergibt sich in der Regel eine problemorientierte und zielgerichtete Vorgehensweise. Dabei werden die Deutungsaspekte, die nicht im Fokus des Interesses stehen, vernachlässigt. Häufig ist dies bei Aufgaben der Fall, bei denen Sie zwei Texte miteinander vergleichen müssen.

Möglich sind auch Mischformen beider Analyseformen, indem z. B. inhaltlich streng linear vorgegangen wird, danach aber besonders relevante Aspekte wie z. B. die auffällige Erzähltechnik intensiver behandelt werden.
In beiden Fällen ist es im Rahmen Ihrer Textanalyse hilfreich, folgende Fragen zu beantworten:

- Wo liegt der Konflikt, das Problem?
- Wie verläuft die Handlung, wie ist der Text aufgebaut? Gibt es eine Entwicklung, einen Spannungsbogen?
- Kann man zwischen einer Haupt- und Nebenhandlung unterscheiden?
- Wodurch zeichnen sich die Charaktere der Figuren aus?
- Welche Beziehungen bestehen zwischen den Figuren?
- Welche Atmosphäre herrscht vor? Wo spielt die Handlung? Kommt dem Handlungsort evtl. symbolische Bedeutung zu?
- Gibt es Auffälligkeiten in Syntax (Satzbau) und Wortwahl? Kommen rhetorische Mittel, wie z. B. Alliterationen, oder bildhafte Ausdrücke, wie z. B. Metaphern, Vergleiche und Personifikationen zum Einsatz? Welche Wirkung wird dadurch erzielt? Ist der Stil des Textes eher gehoben oder alltagssprachlich?
- Welche Erzählperspektiven kommen vor (Innen- und Außensicht)? Welchen Erzählstandort nimmt der Erzähler ein (Distanz oder Nähe)? Welches Erzählverhalten (personal, neutral, auktorial) liegt vor? Welche Erzählform hat der Autor/die Autorin gewählt (Ich-Erzählung, Er-/Sie-Erzählung)? Welche besonderen Formen der Redewiedergabe fallen auf (Erzählerbericht, erlebte Rede, direkte oder indirekte Rede, innerer Monolog, Bewusstseinsstrom)?
- Welche Bedeutung hat der Titel? In welchem Zusammenhang stehen Titel und Erzähltes?

Aufbauschema

1. **Einleitung:**
   Themensatz: Autor/Autorin, Titel, Textsorte, Erscheinungsjahr, Inhalt/Thema

↓

2. **Einordnung des Textauszugs in den Roman:**
   Was geschieht vorher, was danach?

↙ *Linearanalyse* ↘ *aspektgeleitete Analyse*

Linearanalyse:

3. **Inhaltlicher Aufbau:**
   - Auflistung der Textabschnitte/Textgliederung

↓

4. **Beschreibung und Deutung der unter 3. angegebenen Textabschnitte:**
   - Aussagen zum Inhalt des Abschnitts
   - Aussagen zur Deutung, Einbettung in den Zusammenhang des Romans
   - Einbezug der sprachlichen und erzählerischen Gestaltung
   - Überleitung zum nächsten Textabschnitt

Aspektgeleitete Analyse:

3. **Untersuchungsschwerpunkte:**
   - Auflistung der ausgewählten Untersuchungsaspekte

↓

4. **Beschreibung und Deutung der unter 3. angegebenen Aspekte:**
   - Benennen des jeweiligen Aspekts
   - Aussagen zur Deutung, Einbettung in den Zusammenhang des Romans
   - Einbezug der sprachlichen und erzählerischen Gestaltung

↘ ↙

5. **Schluss:**
   - Zusammenfassung der Ergebnisse
   - Einordnung in einen größeren Zusammenhang
   - Bewertung, ggf. Aktualisierung

Beispielanalyse I: Erstes Kapitel, S. 5 – 37 (linear)

Aufgabe: Analysieren Sie den Anfang des Romans „Transit" von Anna Seghers (S. 5 – 37/Z. 17).

Einleitung: Textdaten und Thema

Der zu analysierende Textauszug ist der Beginn des Romans „Transit", der auf eigenen biografischen Exilerfahrungen der Autorin Anna Seghers beruht und der erstmals 1944 in den USA in englischer Sprache veröffentlicht wurde. In dem Roman geht es um die Ereignisse im Leben eines deutschen Flüchtlings, der sich gemeinsam mit Tausenden von anderen Ausreisewilligen in Marseille aufhält und sich dabei zeitweise selbst zu verlieren droht.

Einordnung des Textauszugs in den Roman und Inhaltsangabe

Der Romanauszug beginnt sofort mit einigen Ausführungen des unbekannten Erzählers. Ein Schiff ist vermutlich untergegangen, doch die wahrscheinliche Katastrophe macht nur wenig Eindruck auf den Erzähler, der sie eher beiläufig erwähnt. Er stellt einige Vermutungen an, was alles mit den Passagieren passiert sein könnte, betont aber zugleich mehrmals, dass die Informationen über das tatsächliche Geschehen sehr unsicher sind (vgl. S. 5/Z. 1 – 15). Danach spricht der Erzähler eine andere Figur direkt an in der Hoffnung, diese mit seinem Bericht nicht zu langweilen, auch wenn er das selbst nachvollziehen könne. Er lädt den unbekannten Zuhörer auf eine Pizza und einen Wein ein. In der Pizzeria am Hafen Marseilles soll der schöne Ausblick für die angeblich langweilige Geschichte, die nun erzählt wird, entschädigen. Nach einer kurzen Reflexion über die Besonderheiten der Pizza (vgl. S. 6/Z. 1 – 7), die wie eine Torte aussehe, aber tatsächlich pfeffrig schmecke, begründet der Erzähler seine Motivation. Er stellt sich vor, wie die Passagiere des vermutlich untergegangenen Schiffs vielleicht doch noch angekommen wären und wie sich ihr neues Leben nun gestalte. Der Erzähler informiert seinen Zuhörer darüber, dass er selbst die Chance gehabt habe, mitzufahren. Sämtliche Ausreisepapiere seien vorhanden gewesen, doch habe er verzichtet (vgl. S. 6/Z. 8–17). Im Folgenden (S. 6/Z. 18–S. 7/Z. 17) reflektiert der Erzähler in der Pizzeria am Hafen Marseilles die Wirkung bzw. die Folgen, welche die zahlreichen aufregenden Berichte bei dem Zuhörer haben. Er befürchtet, diese würden abstumpfen und sich zunehmend langweilen. Auf dem Schiff, der „Montreal“, sei ein Paar gewesen, dessen flüchtige Bekanntschaft er zuvor gemacht habe. Die Bedeutung dieser Bekanntschaft wertet er ab, da sie sich nur auf die gemeinsame Zeit auf Bahnhöfen oder Konsulatsfluren beschränkt habe. Dennoch sei sein Leben in letzter Zeit so aufregend gewesen, dass er hoffe, sich seine Erlebnisse von der Seele reden zu können. Am Ende spricht der Erzähler den Zuhörer erneut an und warnt ihn vor zu viel Wein. Der Abschnitt schließt mit dem Eingeständnis des Erzählers, dass er in seiner Vergangenheit in Dinge verwickelt gewesen sei, für die er heute Scham empfinde. Daher sei es richtig, hierüber zu berichten.

Erzähltechnik: Erzählform und Erzählperspektive

Mit Blick auf die Erzählform handelt es sich bei dem Romananfang um eine Ich-Erzählung, in der der Erzähler selbst in Erscheinung tritt und Teil der erzählten Welt ist (vgl. S. 7/Z. 13 ff.). Es wird sowohl in der Außen- als auch in der Innensicht erzählt. Zum Beispiel beschreibt der Erzähler die Schönheit des alten Hafens in Marseille (vgl. S. 5/Z. 22 ff.). Gleichzeitig gibt der Erzähler Auskunft über seine Gefühle, z. B. über die Scham (vgl. S. 7/ Z. 13 ff.). Er ist

Erzählerstandort

offensichtlich Teil der von ihm erzählten Welt. Andererseits erzählt er auch aus einiger Distanz, denn er kennt die Vorgeschichte und deren Fortgang (vgl. S. 6/Z. 1 ff.), jedoch nicht so gut, dass man von einem allwissenden Erzähler reden könnte. Denn die zentrale Information, ob das Schiff nun untergegangen ist, kennt der Erzähler selbst nicht. Hier scheint seine Perspektive eingeschränkt (vgl.

Erzählverhalten

S. 6/Z. 8 ff.). Dies ist auch der entscheidende Hinweis auf

das personale Erzählverhalten. Ein Ich-Erzähler gibt seine persönliche Einschätzung des Geschehens preis. Ob sie sachlich oder moralisch zutreffend ist, bleibt unklar.

Beschreibung und Deutung der Textabschnitte

Analyse des 1. Textabschnitts

Besonderheit des Erzähleinstiegs

Der Roman beginnt, indem die Leserin/der Leser sofort in die Handlung hineingezogen wird. Es gibt keine ausführliche und langsame epische Einleitung in die Handlung, sondern es geht mit einem lauten Knall los, der Todesnachricht. Wie in einem Krimi im TV steht am Anfang ein schreckliches Ereignis: „Die ‚Montreal' soll untergegangen sein zwischen Dakar und Martinique." (S. 5/Z. 1 f.) Und wie in einem Krimi ist der Grund für den Tod vieler Menschen unklar, denn es gibt über die näheren Umstände „keine Auskunft" (S. 5/Z. 3). Zugleich erhält der Leser bzw. die Leserin eine erste Information über den Zeitpunkt des Erzählens. Da das Schiff auf eine Mine gelaufen ist, steht die Vermutung im Raum, das Geschehen spiele zu Kriegszeiten (vgl. S. 5/Z. 2). Diese erste Vermutung wird auch im weiteren Verlauf durch das bedrohliche Wortfeld des Krieges bzw. der Zerstörung bestätigt, das eine Atmosphäre der Anspannung und Lebensgefahr erzeugt: So ist von einer „Last von Flüchtlingen" die Rede, die durch alle „Meere gejagt" (S. 5/Z. 4 ff.) wurden und die man „verbrennen" (ebd.) ließ; später spricht der Ich-Erzähler ausdrücklich von „Kriegszeiten" und „Tod" (S. 5/Z. 10 f.). Schon mit diesem ersten Absatz, in dem sogar noch unklar ist, wer diese Geschichte erzählt, wird also das Thema der Flucht im Krieg und der Schwierigkeit, an die nötigen Ausreisepapiere zu gelangen, bereits eingeführt.

Atmosphäre

Frühe Hinweise auf das Romanthema „Flucht"

Analyse des 2. Textabschnitts

Bindung des Zuhörers und der Leserin/des Lesers an das Geschehen durch die rhetorische Frage

Im zweiten Sinnabschnitt, der durch einen Trennungsstrich eingeleitet wird (vgl. S. 5/Z. 15 ff.), spricht der Ich-Erzähler seinen Zuhörer direkt an: „Sie finden das alles ziemlich gleichgültig? Sie langweilen sich?" (S. 5/Z. 15 ff.) Durch diese rhetorische Frage wird nicht nur der Zuhörer angesprochen, sondern auch die Leserin/der Leser. Diese/Dieser wird allein schon dadurch irritiert, dass das anfangs skizzierte Geschehen als langweilig bezeichnet wird, worauf die spannenden Informationen über das Leben in Kriegszeiten über-

Charakter des Erzählers: Unsicherheit

haupt nicht hindeuten. Dadurch wird eine Erwartungshaltung beim Leser/bei der Leserin hervorgerufen. Auch finden sich erste Hinweise auf den unsicheren Charakter des Erzählers, denn er hat Angst davor, den Zuhörer zu langweilen, und bemüht sich daher sehr um sein Wohlergehen.

Analyse des 3. Textabschnitts

Auch der folgende Absatz (vgl. S. 6/Z. 1 ff.) lässt Rückschlüsse auf den Charakter des Erzählers zu: Er scheint ein sehr nachdenklicher, fast philosophischer Zeitgenosse zu sein, denn er reflektiert sogar das zwiespältige Wesen der Pizza, von der er gerne mehr essen würde, wenn man für sie nicht „Brotkarten“ (S. 6/Z. 7) einlösen müsse. Dies ist ein Hinweis auf die schwierige materielle Lebenssituation der Flüchtlinge, die nur sehr wenig zu essen und zu trinken haben.

Im Gegensatz zu seinen ersten Einschätzungen möchte der Erzähler nun doch wissen, was mit der „Montreal“ geschehen ist. Er stellt vier rhetorische Fragen (vgl. S. 6/Z. 9 ff.). Hat er vorher noch Angst davor, den Zuhörer und die Leserin/den Leser zu langweilen, möchte er nun Nachforschun-

Charakter des Erzählers: Wissbegierde und Sprunghaftigkeit

gen anstellen. Dieser Widerspruch zeigt sich auch im weiteren Verlauf des Romans beim Erzähler, der über ein sprunghaftes Wesen verfügt, (anfangs) wenig zuverlässig scheint und dessen Meinungsbildung über das vergangene Geschehen offensichtlich noch nicht abgeschlossen ist.

Analyse des 4. Abschnitts

Auch der folgende Abschnitt (vgl. S. 6/Z. 18 ff.) gibt Hinweise auf die innere Zerrissenheit des Erzählers. Einerseits behauptet er, das mit der „Montreal“ wohl untergegangene Paar nur „flüchtig gekannt“ (S. 5/Z. 19) zu haben. Das sprä-

Widersprüchlichkeit im Erleben des Erzählers

che dafür, dass ihn der Tod der beiden nicht berührt. Auf der anderen Seite verspürt der Erzähler aber das dringende Verlangen, genau diese Geschichte dem Zuhörer und damit auch der Leserin/dem Leser zu Gehör zu bringen: „Ich möchte gern einmal alles erzählen, von Anfang an bis Ende.“ (S. 6/Z. 27 f.) Davon erhofft er sich Erleichterung und Entlastung, wie auch die Wiederholung im allerletzten Satz des Textauszugs deutlich macht. Es wird also hier schon angedeutet, dass die beiden Passagiere dem Erzähler wohl doch mehr bedeutet haben, als er zugibt. Seine Behauptung, er habe die Geschichte von überstandener Todesgefahr „gründlich satt“ (S. 6/Z. 33) und er würde sich stattdessen nur noch für alltägliche Dinge interessieren (vgl. S. 7/Z. 1 ff.), ist nur die halbe Wahrheit, denn der gesamte 300-seitige Roman erzählt in der Folge vor allem die außergewöhnliche Liebesgeschichte dieser drei Menschen auf der Flucht vor der Gefahr durch die in Frankreich einmarschierende deutsche Wehrmacht während des Zweiten Weltkriegs (1939 – 1945) und die sich daraus ergebende Bedrohung für Gegner des NS-Regimes.

Innerer Zwiespalt des Erzählers

Im letzten Abschnitt finden sich Hinweise auf die psychische Verfassung des Erzählers. Die Erlebnisse der Monate zuvor scheinen ihn mitgenommen zu haben, er wirkt leicht depressiv, wie die folgende Wiederholung deutlich macht: „Und Schwermut, ewige Schwermut befällt sie – bis zum nächsten Rosé.“ (S. 7/Z. 10 f.) Diese scheint er mit dem Alkoholkonsum betäuben zu wollen. Der Wunsch, „sitzen bleiben [zu] dürfen“ und „nie mehr in etwas verwickelt“ (S. 7/Z. 11 f.) zu sein, drückt den Wunsch des Erzählers nach Ruhe und Ankommen aus. Er möchte über das Vergangene nachdenken, auch über vergangene Fehler, denn er spricht davon, dass er sich für einige „Sachen“ (S. 17/Z. 13) schämt. Um welche Geschehnisse es sich dabei handelt, bleibt zu Beginn offen und verstärkt den Wunsch, mehr davon zu erfahren. An diesem Reflexionsprozess und Versuch, dem eigenen Leben Sinn und Bedeutung abzuringen, hat der Zuhörer in der Pizzeria am Hafen Marseilles ebenso Anteil wie der Leser und die Leserin.

Analyse des 5. Textabschnitts

Innere Verfassung des Erzählers: Wunsch nach Ruhe und Ankommen

Die Exposition des Romans hat mehrere Funktionen: Einmal führt sie in die Zeit ein, in der das Geschehen spielt. Der Leser bzw. die Leserin erhält so eine Orientierung über die historischen Hintergründe des Geschehens. Da einige As-

Schluss

Erste Orientierung des Lesers und der Leserin

Lesemotivation

pekte offen bleiben, wie z. B. der amtlich nicht bestätigte Tod der beiden Schiffspassagiere oder der Grund für die Scham des Erzählers, wird die Neugierde bei der Leserin/beim Leser geweckt. Zugleich werden schon zu diesem frühen Zeitpunkt zentrale Motive erwähnt, die sich auch im späteren Handlungsverlauf immer wieder auftun: Der Umgang mit Langeweile und das Verwickeltsein in eine komplexe Geschichte, in der man Fehler macht, sowie die offensichtliche Notwendigkeit, über diese Geschehnisse zu berichten und sich dadurch Erleichterung zu verschaffen.

Motive des Romans

Textauszüge vergleichen – Tipps und Techniken

Neben der klassischen Textanalyse, deren Vorgehensweise und mögliche Ausgestaltung Sie im vorigen Abschnitt kennengelernt haben, wird im Unterricht der gymnasialen Oberstufe häufig auch ein Textvergleich eingefordert. Zumeist werden dabei zwei kleinere Textauszüge angeboten, die inhaltlich und/oder formal miteinander zu vergleichen sind. Je nach Aufgabenstellung erhalten Sie entweder konkrete Hinweise, auf welche Vergleichsaspekte man besonders achten soll, oder die Aufgabenstellung ist offen formuliert, sodass es die Aufgabe der Interpretin/des Interpreten ist, diese notwendigen Vergleichsaspekte zu erarbeiten. Der in der Oberstufe und im Abitur häufig anzutreffende Aufgabentyp, der den Vergleich ohne genaue Hinweise auf Vergleichsaspekte einfordert, ähnelt der Aufgabe der aspektgeleiteten Analyse. Das ist deshalb von Bedeutung, weil es für die Interpretin/den Interpreten schon allein aus Zeitgründen unmöglich ist, auf sämtliche Details einzugehen. Dies ist auch zumeist nicht sinnvoll, da nicht allen die gleiche Bedeutung zukommt. Bei den Vorarbeiten kommt es also darauf an, die wesentlichen formalen wie inhaltlichen Aspekte und Kriterien zu identifizieren, bei denen sich ein Vergleich lohnt bzw. die durch die Aufgabenstellung eingefordert werden.

Arbeitsschritte und Vorarbeiten

Vor dem Verfassen des Textvergleichs sind folgende Arbeitsschritte empfehlenswert:

1. erstes Lesen beider Texte, erste Leseeindrücke notieren
2. erneutes, zweites und gründlicheres Lesen, dabei Texte mit Markierungen, Unterstreichungen und Randbemerkungen versehen
3. Reflexion: Beim Betrachten Ihrer Markierungen, die sich sowohl auf inhaltliche als auch auf formale Besonderheiten beziehen können, suchen Sie jetzt nach geeigneten Kriterien, anhand derer sich ein Textvergleich durchführen lassen könnte.
4. Machen Sie sich klar, worin die Gemeinsamkeiten und Unterschiede in den Aussagen bestehen, welche die beiden Texte zu den von Ihnen ausgewählten Aspekten machen. Ob Ihr Vergleichskriterium trägt, finden Sie am besten heraus, wenn Sie dazu eine Tabelle anlegen und in dieser stichpunktartig die Vergleichsergebnisse notieren:

Vergleichsaspekt	**Text A**	**Text B**
Figuren		
Sprache + Syntax		
Handlung		
(Leit-)Motive		
Thema		
...		

5. Formulieren Sie nun Ihren Aufsatz mit Einleitung, Hauptteil und Schluss. Achten Sie darauf, dass Sie im Hauptteil beide Texte kurz inhaltlich zusammenfassen, bevor es zum aspektgeleiteten Vergleich kommt. Ansonsten können Sie sich an den Hinweisen zur Analyse eines Erzähltextes (vgl. S. 152 ff.) orientieren.

Beispielanalyse II: Kapitel 3/VIII und Kapitel 10/X (aspektgeleitet)

Aufgaben:

1. ***Analysieren Sie das Wiedersehen des Erzählers mit Heinz in Marseille (Kap. 3/VIII, S. 82 – 87).***
2. ***Vergleichen Sie das Verhalten und die Gedanken des Erzählers im Anschluss mit dem Romanende (Kap. 10/X, S. 298 – 300) unter besonderer Berücksichtigung der Motive der Treue, Zuverlässigkeit und Verantwortung.***

Einleitung

Äußere Textdaten und Thema

Der zu analysierende Textauszug entstammt Anna Seghers' Roman „Transit“, der 1944 im Exil veröffentlicht wurde. Der Roman schildert in der Zeit des Zweiten Weltkriegs die Erlebnisse eines deutschen Flüchtlings in Marseille. Im vorliegenden Textauszug (S. 82 – 87) wird erzählt, wie der Protagonist in Marseille auf seinen ehemaligen Lagergenossen und kommunistischen Widerstandskämpfer Heinz trifft. Er führt mit diesem ein Gespräch und reflektiert die Bedeutung der Person für sein eigenes Leben als Flüchtling.

Einordnung des 1. Textauszugs in den Roman

Vor dem zufälligen Treffen mit Heinz versucht der Erzähler zunächst vergeblich, bei unterschiedlichen Hilfsorganisationen finanzielle Unterstützung für sich zu erhalten. Erst als er vorgibt, lediglich Überbrückungsgelder bis zu seiner baldigen Abreise zu benötigen, wird ihm geholfen. Im Anschluss an das Gespräch mit Heinz sucht der Erzähler die Familie Binnet auf. Er findet dort den kleinen Jungen krank vor und macht sich große Sorgen um dessen Wohlergehen.

Inhaltlicher Aufbau

Erster Sinnabschnitt: Reflexionen des Erzählers über Heinz

Im ersten Teil stehen die beiden alten Freunde auf der Straße und unterhalten sich (S. 82/Z. 12 – S. 84/Z. 24). An einer Straßenbahnhaltestelle nimmt der Erzähler wahr, wie dem auf zwei Krücken laufenden Heinz aus dem Gefährt geholfen wird. Er denkt über den Gegensatz von geschundenem Körper und gesundem Geist nach, wofür Heinz aus seiner

Sicht ein Beispiel ist. Fast der gesamte erste Abschnitt besteht allein aus Reflexionen des Erzählers über die Bedeutung, die Heinz für seine eigene Existenzweise innehat. Auch wenn es eigentlich wenige Schnittstellen zwischen beiden gebe, sorge der alte Freund allein durch seine Anwesenheit dafür, dass er weiterhin an seine eigene Zukunft glaube. Dabei stehe Heinz im Grunde für Werte ein, an die er selbst nicht mehr glaube: Treue und Zuverlässigkeit. Ein Blickkontakt zwischen beiden sorgt schließlich dafür, dass der vom Krieg und seinen Verlusten gebeutelte Erzähler beginnt, wieder an seine eigene Zukunft zu glauben.

Gegensätzlichkeit der Charaktere

Im zweiten Sinnabschnitt (S. 84/Z. 25 – S. 87/Z. 5) steht ein Gespräch im Zentrum, welches die alten Freunde in einem heruntergekommenen Café führen. Der Erzähler bemüht sich, Heinz zu gefallen und ihm eine Freude zu machen, indem er ihn mit Kuchen beglückt. Heinz berichtet von einer erfolgreichen Flucht nach Marseille, die er trotz seiner körperlichen Behinderung – ihm fehlt ein Bein – schneller absolviert habe als der Erzähler selbst. Den Grund für diese Schnelligkeit sieht er in der selbstlosen Hilfe, die er von Freunden und Bekannten erfahren habe, da er diese ebenfalls einmal unterstützt habe. Der Erzähler bietet Heinz seine Hilfe an. Dieser ist sich sicher, dass er ihn niemals im Stich lassen werde. Am Ende des Gesprächs bittet der Erzähler Heinz um ein Wiedersehen, da sein Leben schlecht verlaufe und er sich Hilfe erhoffe. Doch zu diesem Treffen kommt es nicht, da der Erzähler davon berichtet, dass ihm etwas dazwischengekommen sei.

Zweiter Sinnabschnitt: Gespräch im Café

Als der Erzähler zufällig den körperlich schwer beeinträchtigten Heinz aus der Straßenbahn steigen sieht, beginnt er, über die Person genauer nachzudenken. Ihm fällt der Gegensatz zwischen Körper und Geist auf, denn anders als sein Körper sei Heinz’ Wesen von Stärke geprägt. Eine Personifikation macht dieses Paradox deutlich: „Bei seinem Anblick erschient es mir neu und merkwürdig, wieso das

Beschreibung und Deutung

Gegensatz von Körper und Geist

Leben eingesperrt ist in einem zerbrechlichen Körper […].“ (S. 82) Der Erzähler betont, wie sehr er sich in der Vergangenheit um die Zuneigung und Beachtung durch den alten Freund bemüht habe. Der Grund dafür liege darin, dass Heinz an ihn, den Erzähler, immer geglaubt habe. Der Behinderte trägt also durch seinen optimistischen Umgang mit den Mitmenschen dazu bei, dass diese ihren Glauben an sich selbst nicht verlieren. Auf der anderen Seite erkennt der Erzähler auch die Merkmale und Eigenschaften, die ihn von Heinz unterscheiden. Eine Antithese zeigt sie: „Ihm gefielen Eigenschaften, die mir abgingen, die für mich nichts bedeuteten.“ (S. 83)

Nonverbale Kommunikation als Geste des Zutrauens

Eine fast zärtlich anmutende kleine Szene – Heinz lehnt seinen Kopf an den Erzähler (vgl. S. 84) – beschleunigt die Selbstreflektionen des Erzählers, der Heinz’ Blick auf sich spürt. Dieser Blick gibt dem Erzähler Kraft und ermutigt ihn zum Durchhalten. Eine Akkumulation verdeutlicht diesen Überlebenswillen des Erzählers: „[I]ch wusste auf einmal auch zu meiner unendlichen Beruhigung, dass ich immer noch da war, dass ich nicht verloren gegangen war, in keinem Krieg und in keinem Konzentrationslager, in keinem Faschismus, in keinem Herumgeziehe, in keinem Bombardement, in keiner Unordnung […].“ (Ebd.)

Wirkung auf den Erzähler

Heinz: Vorbild und Mentor dank gelebter Solidarität

Der folgende Bericht Heinz’ über seine Flucht macht deutlich, wieso sie ihm als behinderten Menschen überhaupt geglückt ist. Viele Menschen haben Heinz Hilfe geleistet, weil er sich ihnen gegenüber zuvor ebenfalls hilfsbereit und solidarisch gezeigt hat. Doch obwohl er wohlbehalten in Marseille angekommen sei, befinde er sich in großer Gefahr, denn sein fehlendes Bein mache es für den Feind leicht, ihn zu identifizieren und zu verhaften, wie er metaphorisch betont: „So lauf ich als mein eigener Steckbrief herum.“ (S. 85)

Darbietungsform: direkte Rede

Das in Teilen in direkter Rede wiedergegebene Gespräch macht deutlich, dass auch der Erzähler diesen Zusammenhang begreift. Er bietet Heinz seine Hilfe an (ebd.). Die Wirkung dieses Angebots ist erstaunlich, denn Heinz betont, dass er sich sicher sei, von dem Erzähler niemals im Stich gelassen zu werden. Der Erzähler bedauert, diese aufmunternde Botschaft nicht schon früher gehört zu haben, da er sich selbst nicht für verlässlich hält. Metaphorisch formuliert er die rhetorische Frage: „Warum hat er mir das nicht früher schon einmal gesagt […], bevor wir alle in dieser Mühle gemahlen wurden?“ (S. 86)

Hilfsangebot des Erzählers

Rhetorische Frage/ Metapher

Auf den Wunsch des Erzählers am Ende des Gesprächs im Café, Heinz bald wiederzusehen, reagiert dieser „aufmerksam“ (ebd.). Erneut ist es der konzentrierte und dem Menschen aktiv zugewandte Blick Heinz', der den Erzähler ins Nachdenken über sich selbst bringt. Im Kontrast zu dessen akzeptierter und gelingender Existenz fällt dem Erzähler der Mangel an Glück und Identität in seinem eigenen Leben auf. Eine Personifikation verdeutlicht diese Einsicht: „Mein Leben ging ganz daneben.“ (Ebd.) Wie viel Hoffnung der Erzähler auf ein erneutes Treffen mit Heinz setzt, wird am Ende des Kapitels in einfachen, aneinandergereihten Hauptsätzen deutlich: „Ich freute mich kindisch auf das Wiedersehen. Ich zählte die Tage. Trotzdem bin ich schließlich nicht hingegangen. Es ist mir etwas dazwischengekommen.“ (S. 87) Durch diese parataktisch gereihten, wie ein mündlicher Bericht daherkommenden Sätze wird die Zerrissenheit des Ich-Erzählers deutlich: Einerseits will er an die von Heinz verkörperten Werte der Treue und Verlässlichkeit glauben. Andererseits schiebt er einen Grund vor, um das Treffen nicht wahrnehmen zu müssen. Ein Hinweis darauf, dass der innere Konflikt des Erzählers psychisch nur schwer zu bearbeiten ist.

Kritische Selbstreflexion des Erzählers und Hoffnung auf ein erneutes Treffen

Syntax: Parataxe

Innerer Konflikt des Erzählers

Im Folgenden vergleiche ich die Gedanken und das Verhalten des Erzählers im ersten Textauszug mit dem im Schlusskapitel des Romans. Dabei werden die Motive der Treue,

Überleitung Vergleichskriterien

Zuverlässigkeit und Verantwortung besonders in den Blick genommen.

Einordnung des 2. Textauszugs in den Roman

Der zu vergleichende Textauszug steht ganz am Ende des Romans (vgl. S. 298 – 300). Er bildet gemeinsam mit dem Anfangskapitel eine Art Rahmen der Handlung, die bereits hinter dem Erzähler liegt und auf die er hier erneut zurückblickt.

Inhaltsangabe und Gliederung

1. Textabschnitt

Der Auszug beginnt damit, dass der Erzähler einen Brief Marcel Binnets erhält, versehen mit der Einladung, auf einer Farm im Umfeld Marseilles als Obstbauer zu arbeiten. Der Erzähler nimmt, wie im ersten Textabschnitt (S. 298, Z. 12 – S. 299, Z. 19) beschrieben, das Angebot an. Zugleich muss er den anhänglichen und ängstlichen Jungen der Binnets beruhigen, der fälschlicherweise befürchtet, der Erzähler würde ihn für immer verlassen. Dieser beschreibt, wie es ihm gelungen ist, beim Bürgermeister des Bergdorfes die nötigen Papiere für seinen Aufenthalt zu bekommen. Da er für einen Verwandten der Binnets gehalten wird, darf er bleiben. Der Erzähler weiß sein Glück zu schätzen. Er ist sogar bereit, dieses gegen die drohende faschistische Gefahr zu verteidigen. Gemeinsam mit Marcel werde er seinen Beitrag zum bewaffneten Widerstand gegen die deutschen Aggressoren leisten.

2. Textabschnitt

Im zweiten Textabschnitt (vgl. S. 299/Z. 20 – S. 300) wird berichtet, wie der Erzähler für kurze Zeit nach Marseille zurückkehrt. Von seiner Arbeit auf der Farm bringt er Gemüse und Obst für Claudine und den Jungen mit. Wie früher setzt er sich in das von Flüchtlingen überfüllte Café Mont Vertoux. Hier kommt ihm die Nachricht zu Ohren, die „Montreal" sei untergegangen. Es fällt dem Erzähler schwer, die Schreckensnachricht angemessen zu verarbeiten, zu weit scheinen ihm die Ereignisse rund um Marie und den Arzt schon hinter ihm zu liegen. Seine altbekannten Probleme mit dem lauten Hafengeschwätz der Flüchtlinge sorgen dafür, dass der Erzähler das Café verlässt und sich in die Pizzeria begibt, in welcher er Monate zuvor seine Erzählung begonnen hat. Hier geht er seinen Gedanken nach. Trotz des traurigen Gerüchts vom Untergang der „Montreal“ malt er sich bildlich aus, wie Marie die Pizzeria betritt, wie damals auf der Suche nach Weidel.

Deutung und Vergleich

Gemeinsamkeiten:

Reflexionen dominieren beide Auszüge

Erzählweise: Innensicht und personales Erzählverhalten

Vergleicht man das Verhalten und die Gedanken des Erzählers in beiden Textauszügen, so fällt mit Blick auf die Gemeinsamkeiten auf, dass in beiden die Reflexionen dominieren. Im ersten Textauszug reflektiert der Erzähler die Bedeutung der Figur Heinz für sein eigenes Leben, und er zieht daraus Hoffnung für seine Zukunft. Im zweiten Textauszug wird völlig auf direkte Rede verzichtet. Der Erzähler gibt hier in Berichtform preis, wie sich sein Leben in den letzten Wochen entwickelt hat. Er begründet seine Entscheidung, in Südfrankreich sesshaft zu werden und die Reise nach Übersee nicht anzutreten. Erzählperspektivisch gesehen kann man also davon sprechen, dass in beiden Auszügen die Innensicht dominiert. Der Leser bzw. die Leserin kann in die Figur des Erzählers hineinsehen und seine Gedanken und Gefühle verfolgen. Dabei kommt er ihm sehr nahe. Das Erzählverhalten ist in beiden Auszügen personal. Weder weiß der Erzähler im ersten Auszug, wie Heinz die Flucht gelungen ist, noch im zweiten, ob Marie jemals wiederkehren wird.

Unterschiede:

Veränderung des Erzählers

Voraussetzungen: Bindung und Liebe

Inhaltlich fallen mit Blick auf beide Texte eher die Unterschiede ins Auge. Im ersten Auszug sucht der Erzähler noch seine Rolle in der fremden Stadt, in der er gerade erst angekommen ist und eine abenteuerliche Flucht verarbeiten muss. Er kennt keinen Menschen in Marseille. Im zweiten Auszug ist der Erzähler kein Fremder mehr. Er ist integriert und hat sogar Familienanschluss. Während der Erzähler im ersten Textauszug über die Bedeutung von Treue, Zuverlässigkeit und Verantwortung nachdenkt und sie am Vorbild Heinz für sich eher theoretisch diskutiert, lebt er diese Werte am Ende des Romans tatsächlich. Die Angst des Jungen der Binnets, verlassen zu werden, zeigt, dass es dem Erzähler gelungen ist, Bindung und Liebe zu ihm aufzubauen. Diese Werte verteidigt er, indem er den Jungen beruhigt und ihm seine baldige Wiederkehr ankündigt. Während er im ersten Textauszug ein von den Einheimischen nicht gewollter illegaler deutscher Flüchtling ist, ist seine Anwesenheit am Romanende sogar „erwünscht“ (S. 298). Während er im ersten Auszug ziellos auf den Straßen der Großstadt herumlungert, geht er im zweiten einer ehrlichen und sinnvollen Erwerbsarbeit nach: „Die Arbeit ist erträglich.“ (Ebd.) Indem der Erzähler beim „Säen und Entraupen“ (S. 299) hilft, übt er eine sinnvolle, natürliche Tätigkeit aus; er bearbeitet die Natur, um den Menschen zu ernähren. Diese Tätigkeit steht im symbolischen Gegensatz zum unnatürlichen, menschenfeindlichen Krieg, der dem Einzelnen Heimat und Identität raubt.

Arbeit auf der Farm als natürlicher Gegensatz zum unnatürlichen Grauen des Krieges

Der Erzähler ist sesshaft geworden, hat eine neue Heimat und Familie gewonnen und damit erfüllt, zu was ihn Georg Binnet im vorletzten Abschnitt aufgefordert hat: „Du gehörst zu uns. Was uns geschieht, geschieht dir.“ (S. 298) Dieses Bekenntnis zu Solidarität, Treue und Verantwortung macht sich der Erzähler dann auch tatsächlich zu eigen: „So gibt mir denn diese Familie, gibt mir dieses Volk bis auf weiteres Obdach.“ (S. 299)

Aufruf zu Solidarität

Im ersten Auszug präsentiert sich der Erzähler noch als reiner Theoretiker. Er erkennt zwar den durch Heinz verkörperten Wert von Solidarität und Gemeinschaft, ist aber nicht in der Lage, diesen Wert auch tatsächlich zu leben. Er zeigt sich unzuverlässig und unstet, als er die Verabredung mit Heinz platzen lässt. Eine offensichtliche Ausrede soll diesen Makel beschönigen.

Von der theoretischen Erkenntnis zum praktischen Tun

Im zweiten Auszug zeigt sich der Erzähler nicht mehr nur von der theoretischen Seite. Nun verwirklicht er das, was zuvor nur als bloße Ankündigung oder als Bekenntnis behauptet wird: Er ist bereit, die neu gewonnene Heimat und

Familie aktiv zu verteidigen. Auf ihn ist auf einmal Verlass: „Ich werde, sobald es zum Widerstand kommt, mit Marcel eine Knarre nehmen.“ (Ebd.) Er ist so sehr mit „Land“, „Arbeit“ und „Menschen“, mit „Bergen“, „Pfirsichen“ und „Trauben“ (ebd.) verbunden, dass es ihm unmöglich erscheint, dies alles wieder aufzugeben. Stattdessen übernimmt er Verantwortung für sich und andere. Er läuft nicht mehr weg.

Schluss

Übernahme von Verantwortung

Insgesamt macht der Vergleich wesentliche Veränderungen im Entwicklungsprozess des Erzählers deutlich. Bei seinem ersten Treffen mit Heinz betrauert der Erzähler noch den Verlauf seines Lebens. Er zieht jedoch die falschen Schlüsse daraus und flüchtet. Seine Identität droht sich aufzulösen. Diese Bedrohung wird letztlich nicht real, denn es gelingt dem Erzähler im Verlauf der Handlung, seine zynische Sicht auf die Mitmenschen hinter sich zu lassen. Es ist die Liebe zu Marie und zu dem kleinen Jungen der Familie Binnet, die dazu beiträgt, dass er sich am Ende gewandelt zeigen kann. Während er am Anfang noch permanent auf der Flucht vor den Feinden, aber auch vor sich selbst ist, entwickelt er sich zu einem Menschen, der sich seiner Heimat und Familie sicher sein kann und bereit ist, für sein Bleiberecht zu kämpfen. Er zeigt Solidarität und Mitgefühl. Die Flüchtigkeit und den Egoismus des Transitlebens, die seine eigene Identität bedrohten, kann er hinter sich lassen, weil er eine neue Heimat gewinnt.

Der Blick auf die Prüfung: Themenfelder

Dieses Kapitel dient der unmittelbaren Vorbereitung auf die Prüfung: Schulaufgabe bzw. Klausur oder schriftliche oder mündliche Abiturprüfung. Die wichtigsten Themenfelder werden in einer übersichtlichen grafischen Form dargestellt. Am Ende findet sich eine Liste mit Internetadressen und Literaturangaben, auf deren Basis eine inhaltlich vertiefende Arbeit möglich ist.
Die schematischen Übersichten können dazu genutzt werden,

- die wesentlichen Deutungsaspekte des Romans kurz vor der Prüfungssituation im Überblick zu wiederholen,
- die Kerngedanken des Romans noch einmal selbstständig zu durchdenken und
- mögliche Verständnislücken nachzuarbeiten.

Zum Verständnis der Schemata ist die Kenntnis der vorangegangenen Kapitel unerlässlich. Die folgenden Schwerpunktsetzungen beruhen auf Erfahrungen aus jahrelanger Prüfungspraxis. Die Übersicht IV (Vergleichsmöglichkeiten mit anderen literarischen Werken) soll als Anregung dienen, um den eigenen Lektürekanon auf interessante Vergleichspunkte abzuklopfen.

Übersicht I: Was ist das für ein Roman? – Die Gattungsfrage

Anna Seghers „Transit“ als …

… Solidaritätsroman
- Deutung des Hitler-Stalin-Pakts (1939) als Verrat und Imstichlassen der bedrohten Menschen
- Folgen: Solidarität und gemeinsamer Kampf als zentrales Thema
- Nebenfigur Heinz als Vorbild und Mentor des Erzählers verkörpert Werte der Treue, Solidarität und Zuverlässigkeit.

… Exilroman
- Inhalt: Leben auf der Flucht/Heimat- und Sprachverlust der isolierten Exilantinnen und Exilanten
- Ziel: Widerstand gegen und Aufklärung über NS-Regime
- Betonung der Sinnlosigkeit, Grausamkeit und Inhumanität des Krieges und seiner Folgen für das Individuum
- historischer Hintergrund: Beginn des Zweiten Weltkriegs und Besetzung Frankreichs durch die deutsche Wehrmacht

… biografischer Roman
- Seghers verarbeitet die Suizide Ernst Weiß’ und Walter Benjamins in ihrem Roman.
- Wie der Erzähler lebt auch Seghers zeitweilig in Paris und muss vor den Deutschen in den Süden flüchten.
- Wie der Erzähler muss auch ihr Ehemann in ein Arbeitslager, aus dem er freikommt.
- Wie der Erzähler muss sich auch Seghers mit der z. T. absurden u. inhumanen Ausreisebürokratie herumschlagen.

… Entwicklungsroman
- Darstellung der geistigen Persönlichkeitsentwicklung des Protagonisten vom egoistisch-listigen Einzelkämpfer zu einem mitleidigen, zuhörenden, solidarischen, verantwortungsvollen Menschen
- Reflexionsprozess des Erzählers, ausgelöst durch die Liebe zu Marie und zu dem kleinen Jungen der Familie Binnet
- Identitätskrise: Erzähler wird durch falsche Doppel-Identität (Seidler/Weidel) in die unsichere Welt der Transitären gezogen u. findet erst spät den Mut zur Wahrheit und Verantwortung.

Übersicht II: Charakterprofil des Ich-Erzählers

Selbstbewusstsein
- autonom
- selbstständig
- nervenstark, mutig
- reflektierend

Ethik und Moral
anfangs:
- skrupellos und charakterschwach
- egoistisch
- unehrlich und verlogen
- undankbar, gewissenlos und untreu (z. B. gegenüber Heinz)

am Ende:
- treu, dankbar und solidarisch (z. B. gegenüber der Familie Binnet und dem kleinen Jungen)

Emotionale Aspekte
- kühl u. aufgeräumt
- unaufgeregt
- anfangs zweifelnd und niedergeschlagen, später aufgeschlossen, fast heiter
- am Ende entschlossen und positiv gestimmt
- anfangs zynisch, später liebevoll

Ich-Erzähler

Geistige Fähigkeiten
- kenntnisreich
- intellektuell
- klug und gebildet
- scharfsinnig und analytisch denkend
- aufmerksam beobachtend
- humorvoll
- ideenreich und präzise

Gemütslage
- anfangs ruhig, später leidenschaftlich und lebhaft
- ausgeglichen, beherrscht und durchdacht
- temperamentvoll

Soziale Aspekte
- gesellig (mit Heinz und den Binnets)
- vereinsamt in seinem Hotelzimmer
- gesprächig mit den Transitären
- unzuverlässig
- anfangs: arrogant und neidisch
- berechnend
- bindungslos
- großzügig gegenüber dem Jungen

Übersicht III: Die Sprache des Ich-Erzählers

Sprache und Syntax

Personifikation
- „Wie war die Welt in diesem Jahr gealtert." (S. 38)
- „Das Café starrte vor Kälte und Langeweile." (S. 127)

Antithetik
- „Ich fühlte mich uralt, Jahrtausende alt, weil ich alles schon einmal erlebt hatte, und ich fühlte mich blutjung, […], unsterblich." (S. 95 f.)
- „[…] ich sah die Herren der Welt hochkommen und verwesen." (S. 13)

Metaphorik
- „Frieden und Ruhe legten sich […] auf mein Herz." (S. 165)

Lautmalerei
- „Sein Gesicht wird schwarz von dem Schatten. Tschuk, es schlägt neben uns ein." (S. 8)

Alliteration
- „[…] es ist besser, etwas zu tun, […] als den Tod mit Gezuck und Gezappel zu erwarten." (S. 21)

Rhetorische Frage
- „Bin ich denn schon […] von dem Gewimmel angesteckt, dass ich mitwimmeln muss?" (S. 117)

Hyperbel und bildhafter Vergleich
- „Wenn es Heinz wahrhaftig gelungen war, diesen Burschen zu einer uneigennützigen Handlung zu bewegen, dann war das Wasser, das Moses aus dem Fels geschlagen hatte, die pure Spielerei." (S. 197)

Ironie
- „Mein Männlein saß bereits unter seinesgleichen, die Tafelrunde bestand aus vier bis fünf Mitmäusen […]." (S. 127)

⇓

Sprache und Syntax dienen dem Selbstausdruck, der Selbstvergewisserung und der Reflexion des gebildeten Protagonisten auf seinem Weg zu sich selbst.

Übersicht IV: Vergleichsmöglichkeit mit anderen literarischen Werken

„Transit“

Vergleich mit modernen Kriegs- oder Exilromanen, z. B.

- Anna Prizkau: Fast ein neues Leben
- Saša Stanišić: Herkunft
- Abbas Khider: Die Orangen des Präsidenten
- Arno Geiger: Unter der Drachenwand
- Olga Grjasnowa: Der Russe ist einer, der Birken liebt
- Jenny Erpenbeck: Gehen, ging, gegangen

Vergleich mit Filmen, z. B.

- „Transit“ (2018) von Christian Petzold, z. B. im Hinblick auf die besondere Sprache des Films oder die Verschränkung von Gegenwart und Vergangenheit
- „Casablanca“ (1942) von Michael Curtiz
- „Nirgendwo in Afrika“ (2001) von Caroline Link
- „Ein Sack voll Murmeln“ (2017) von Christian Duguay

Vergleich des Erzählers mit anderen „Helden“ von Entwicklungsromanen, z. B.

- Eichendorff: Aus dem Leben eines Taugenichts
- Hesse: Steppenwolf
- Grass: Die Blechtrommel
- Musil: Die Verwirrungen des Zöglings Törless

Vergleich mit anderen zeitgenössischen Romanen, z. B.

- Anna Seghers: Das siebte Kreuz
- Lion Feuchtwanger: Der falsche Nero
- Erich Maria Remarque: Die Nacht von Lissabon
- Klaus Mann: Mephisto
- Irmgard Keun: Nach Mitternacht
- Stefan Zweig: Schachnovelle